CW01023721

Inschriften im Ägyptischen Museum – Georg Steindorff – der Universität Leipzig

Kleine Schriften

im Auftrag des
Ägyptischen Museums – Georg Steindorff – der Universität Leipzig

herausgegeben von Dietrich Raue

Band 10

MANETHO

Inschriften im Ägyptischen Museum
– Georg Steindorff –
der Universität Leipzig

Bibliografische Informationen der Deutschen Nationalbibliothek;
Die Deutsche Nationalbibliothek verzeichnet diese Publikation in der Deutschen Nationalbibliografie.
Detaillierte bibliografische Daten sind im Internet über http://dnb.ddb.de abrufbar.

ISBN 3-447-10677-8
ISSN 2509-9876
EAN 978-3-447-10677-1
© 2016 by Manetho Verlag, Berlin

Printed in Germany
Einbandgestaltung, Satz und Typografie: Andreas Paasch, Berlin
Redaktionelle Bearbeitung: Billy Böhm
Einbandfoto: Marion Wenzel (Ostrakon ÄMUL 1657, Vorderseite)

Produktion: NEUNPLUS1 – Verlag + Service GmbH, Berlin

Besuchen Sie auch www.manetho-verlag.de

Vorwort

Zu den faszinierendsten Dingen, die einem Besucher in einem Ägyptischen Museum begegnen können, gehört die Schrift. Einzig die Übersetzung der Inschriften würde jedoch dem Leser nicht weiterhelfen – schließlich ist die Welt des Alten Ägypten in vielerlei Hinsicht fremd und bedarf der Erklärung.

Das Ägyptisch-Koptische ist im weltweiten Vergleich die am längsten dokumentierte Sprache. Die Auswahl von Objekten dieses Bandes datiert in den Zeitraum von ca. 2400 v. Chr. bis in das 8. Jahrhundert n. Chr. Sie deckt damit einen großen Teil der Zeitspanne ab, in der Hieroglyphen und sich hieraus ableitende Schreibschriften inklusive des alphabetisch geschriebenen Koptisch verwendet wurden.

Mit den Erläuterungen und dem abschließenden Glossar hoffen wir, das Interesse, dass die altägyptische Kultur bis auf den heutigen Tag hervorruft, anhand unserer Objekte im Ägyptischen Museum – Georg Steindorff – der Universität Leipzig auch auf die dahinterstehenden Vorstellungen auszuweiten.

Im Schriftraum des Ägyptischen Museums wird zudem ein Teil der Sammlung des Altorientalischen Instituts der Universität Leipzig ausgestellt. Anhand von drei Keilschrifttafeln vermittelt daher dieser Band auch einen kleinen Einblick in die mesopotamische Schriftkultur.

Die Neuaufnahmen der Fotografien dieses Bandes wurden von Marion Wenzel angefertigt. Die redaktionelle Bearbeitung lag in den Händen von Billy Böhm M.A. Beiden sei für ihren Einsatz herzlich gedankt.

Dietrich Raue   Leipzig, April 2016

Das Ägyptische Museum – Georg Steindorff –
der Universität Leipzig

Das Krochhochhaus am Augustusplatz in Leipzig beherbergt die größte akademische Lehrsammlung des deutschsprachigen Raums. Seit 2010 kann dort der vollständige Bestand von etwa 7000 Objekten ausgestellt werden. Der Großteil stammt aus den Ausgrabungen, die der Namenspatron Georg Steindorff (1861–1951) in Ägypten durchführte. Aus diesem Grund bilden Funde des 3. Jahrtausends aus dem Pyramidenfeld von Giza, und Objekte aus dem unternubischen Aniba besondere Schwerpunkte der Ausstellung. Der Ausgräber hatte dabei nicht nur die höchsten Qualitäten der altägyptischen Kunst für die Präsentation in Leipzig vor Augen. Auch Gegenstände des Alltags, die seit einigen Jahrzehnten das Publikum besonders interessieren, wurden von Steindorff gezielt in die Leipziger Ausstellung integriert.

Daneben erhielt die Sammlung erhebliche Zuwächse durch Schenkungen. Besonders ist hier der Zuwachs aus dem Jahr 1933 zu erwähnen. In diesem Jahr übergab das Museum of Fine Arts Boston aufgrund des jahrzehntelangen freundschaftlichen Verhältnisses zu Georg Steindorff eine repräsentative Sammlung von Funden des 2. Jahrtausends v. Chr. aus dem sudanesischen Fundort Kerma an das Leipziger Universitätsmuseum.

In geringem Umfang tätigte das Museum auch Ankäufe. Schon das erste Ausstellungsobjekt, der große Holzsarg des Hedbastiru aus dem späten 7. Jahrhundert v. Chr. war eine Erwerbung, die dem ersten Lehrstuhlinhaber, Gustav Seyffarth (1796–1885), 1842 gelang. Georg Steindorff selbst nutzte jeden Aufenthalt in Ägypten, um zum einen für die Leipziger Sammlung zum anderen für seine Privatsammlung auf dem damals noch legalen Antikenmarkt einzukaufen. 1936/1937 verkaufte Steindorff die Objekte aus seinem Privatbesitz an die Universität. Dieser Vorgang wurde 2011 gerichtlich als verfolgungsbedingter Entzug eingeschätzt, eine Bewertung, die von der Universität Leipzig anerkannt wurde. Es ist dem persönlichen Einsatz von Thomas Hemer (1924–2013), dem damals letzten lebenden Enkel Georg Steindorffs, und der generösen Haltung der Conference for Material Claims against Germany unter der damaligen Leitung von Roman Haller zu verdanken, dass alle Objekte unentgeltlich im Ägyptischen Museum der Universität Leipzig verbleiben durften.

Zur bewegten Geschichte des Museums gehören auch die Auslagerungen während des Krieges, die Zerstörung von etwa 2000 Objekten in den Bombenangriffen der Jahre 1943/1944 und der Abtransport eines Teiles der Sammlung 1945 in die damalige Sowjetunion. Glücklicherweise konnte mit der Rückführung an die damalige Deutsche Demokratische Republik im Verlauf des Jahres 1958 der Bestand wieder zusammengeführt werden. Am 12. Mai 1976 wurde schließlich in der Leipziger Schillerstraße das Museum erneut eröffnet.

Im Anschluss an eine Zwischenlösung konnte 2010 der Einzug in den vierten Standort, das Krochhochhaus, gefeiert werden. Hierbei handelt es sich um ein im Stil des späten Art déco 1927/1928 errichtetes Bankhaus, in dessen Räumen nun auf zwei Stockwerken das Museum erstmalig vollständig präsentiert werden kann.

Ein großer Dank gebührt allen bekannten und weniger bekannten Mitarbeitern und Freunden des Museums, die auch in schwierigen Phasen seiner nunmehr 174jährigen Geschichte ihren Anteil daran hatten, dass die Sammlung auch heute noch für Studierende, Kollegen, die Leipziger Bürgerschaft und Besucher der Stadt zur Verfügung steht.

D.R.

Das Krochhochhaus am Augustusplatz

Versorgung im ewigen Leben

Der Architrav des Nisuqed

Inv.-Nr.:	3132
Material:	Kalkstein
Maße:	Höhe: 40,5 cm; Breite: 106,2 cm; Tiefe: 10,5 cm
Fundort:	Giza, zwischen G 4860 und G 4960
Erwerbung:	Ausgrabung Junker 1926
Datierung:	6.–8. Dynastie (um 2150 v. Chr.)

Auf dem Architrav (Abb. 1 zeigt den Zustand nach der Ausgrabung, Abb. 2 den heutigen), der sich oberhalb einer Scheintür befand, sind links der Grabherr und seine Frau, beide sitzend, dargestellt. Hinter diesen steht ihre Tochter. Die große, in drei Zeilen abgefasste, linksläufige Inschrift beinhaltet die sogenannte „Opferformel":

> (1) Ein Opfer, das der König und Anubis geben:
> Ein Begräbnis in sehr gutem Alter in der westlichen Nekropole.
> (2) Ein Opfer, das Osiris, der Erste von Abydos, gibt:
> Vollzug des Totenopfers für ihn (= den Grabherrn) am Neujahrsfest, am Thotfest und an jedem Fest an jedem Tag,
> (3) für den Königlichen Wab-Priester, Gottesdiener des Horus-Medjedu und Pächter Nisuqed. Sein ältester Sohn (Meri-Chufu).

Abb. 1: Fotografie des Architravs um 1930

Der Name des Sohnes ist ausgekratzt oder abgesplittert, muss aber Meri-Chufu („Geliebt von Cheops") sein, da von dem Zeichen des alten Mannes mit Stock („ältester") noch Spuren vorhanden sind. Der Name ist auf einem kleinen Reliefblock erhalten, der im nördlichen Schacht der Mastaba gefunden wurde und sich heute in Wien befindet (Abb. 3).

Abb. 2: Fotografie des Architravs von 2011

Über der Darstellung des Grabherrn Nisuqed („Er gehört dem Schöpfer")
und den beiden Frauen befindet sich eine kleinere linksläufige Hierogly-
phenzeile mit den Namen seiner Gattin Abdet („Die Monatliche") und seiner Tochter Nianch-Hathor („Besitzerin von Leben ist Hathor"):

(4) Seine Frau Abdet. Seine Tochter Nianch-Hathor.

Abb. 3: Block (Wien ÄS 8548) mit dem Namen des Sohnes

9

Die Bilder wirken etwas ungelenk – man betrachte die unförmigen Arme, die übergroßen Nasen und die kleinen, spitzen Brüste. Zudem weist der Text mehrere eigenartige Schreibungen auf: z. B. sind einige Präpositionen weggelassen, und mehrfach ist die Zeichenfolge verdreht. So ist der Name des Grabherrn auf untypische Weise geschrieben: 𓍿𓈖𓂓 statt 𓂋𓐩𓍿.

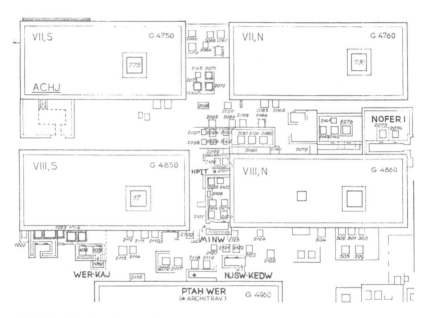

Abb. 4: Detail-Plan der Junkerschen Giza-Grabung 1926

All das ist typisch für die Zeit des ausgehenden Alten Reichs bzw. der 1. Zwischenzeit. Auch die Platzierung des Grabes zwischen den großen Grabbauten der 4. Dynastie (vgl. Abb. 4) spricht für eine spätere Datierung.

Die exakten Ausmaße der Mastaba des Nisuqed ließen sich nicht feststellen, da die Konstruktion fast vollständig abgetragen worden war. Nur die Südostecke der Kammer und ein Teil ihrer Westwand sind erhalten geblieben. An dieser befanden sich zwei Scheintüren (siehe Abb. 5). Die kleinere, nördliche, war nur roh behauen und ohne Relief. Die südliche dagegen zeigt Nisuqed in der Tür stehend und über dem Türbalken mit Frau sitzend, ebenso wie auf dem darüber gelegenen Architrav (siehe Abb. 6). Die Scheintür (heute in Kairo) war vornüber gefallen und lag auf diesem.

F. S.

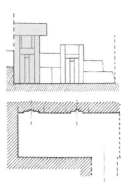

Abb. 5: Grund- und Aufriß der Mastaba (rechte Scheintür noch *in situ*)

Abb. 6: Scheintür und Architrav des Nisuqed (= Kairo JE 49693+Leipzig 3132)

An der Grenze: Zwei Ägypter im tiefen Süden

Die Stele des Dedu-Sobek und des Sobekemhab aus Buhen

Inv.-Nr.:	3616
Material:	Sandstein
Maße:	Höhe: 46,9 cm; Breite: 33,3 cm; Tiefe 7,2 cm
Fundort:	vermutlich Buhen
Erwerbung:	von Steindorff in Assuan gekauft
Datierung:	2. Zwischenzeit (um 1700–1600 v. Chr.)

Von den Anfängen der altägyptischen Kultur bis in die Neuzeit ist das Gebiet Unternubiens Schauplatz der spannungsreichen Wechselbeziehung zwischen Ägypten und seinen südlichen Nachbarn. Auch wenn zu vielen Zeiten der ägyptische Machtbereich deutlich weiter reichte, so waren doch der 1. Katarakt, die Insel Elephantine und die ihr östlich gegenüberliegende Stadt Syene/Assuan stets als eigentliche Grenze des Landes im altägyptischen Bewusstsein verankert. Wer südlicher reiste, war in der einen oder anderen Weise im Ausland. Und es war in Assuan, wo Georg Steindorff ein Denkmal zweier Beamten des späten Mittleren Reiches kaufte, die erheblich weiter südlich arbeiteten und von denen einer die Stele errichten ließ (Abb. 7).

Zu diesem Zeitpunkt war Unternubien bereits seit etwa 250 Jahre ägyptisch besetzt. In der Phase der Schwäche des ägyptischen Zentralstaats während der 1. Zwischenzeit hatten sich Ägypten und Nubien weitgehend friedlich im beiderseitigen Nutzen des Afrikahandels befunden: Nördlich von Assuan wohnten eine Million Menschen, die bestimmte außergewöhnliche Güter des Südens benötigten: Weihrauch für den Tempel- und Grabkult sowie Gold und Elfenbein für Prestigeobjekte, um nur die wichtigsten zu nennen. Das Gebiet zwischen Assuan und dem 2. Katarakt, immerhin gut 300 km lang, besaß einige davon – und war zum Erwerb der anderen als Handelsweg von Bedeutung. Gleichzeitig ist es ein karger Landstrich, der trotz vereinzelter Regionen mit größeren landwirtschaftlichen Möglichkeiten kaum mehr als 50.000 Menschen ernähren konnte.

Mit der erneuten Bildung eines Zentralstaates in Ägypten, dem Mittleren Reich, ließ bald die Bereitschaft nach, die Verfügungsgewalt mit den südlichen Nachbarn zu teilen. Im 18. Regierungsjahr Sesostris' I. gelang um 1950 v. Chr. der entscheidende Militärschlag gegen die kleinen, zahlenmäßig hoffnungslos unterlegenen Häuptlingstümer. Er setzte zugleich ein Zeichen gegen eine im Süden gewachsene Regionalmacht: Im heutigen Staatsgebiet des Sudan war unterhalb des 3. Katarakts das Reich von Kerma zu einer bisher ungekannten Größe angewachsen. Man hatte vom Handel mit Unternubien und vor allem Ägypten ausgiebig profitiert – ohne in der gefährlichen Nähe zu dessen Militärapparat zu leben.

Abb. 7: Die Stele des Dedu-Sobek und des Sobekemhab

Gegen diese langsam wachsende Bedrohung antwortete die ägyptische Seite mit einem bis dahin nicht gekannten Aufwand: Eine Reihe der Festungen reicht vom 1. Katarakt bis hinunter zum Batn el-Haggar, dem „Bauch der Steine", einer lang gezogenen Felsgegend im heutigen Nordsudan, durch die der Nil mit einem Mindestmaß an landwirtschaftlichen Anbauflächen seinen Weg nimmt.

Dedu-Sobek und Sobekemhab sind den Inschriften der Stele ÄMUL 3616 nach zu urteilen in einer der größten aller Festungen tätig gewesen: Buhen, dem Militärstandort am nördlichen Einstieg in den 2. Katarakt:

(1) Ein Opfer, das der König dem Horus, dem Herr von Buhen, und Month, dem „Stier (2) der Residenz" gibt:
Sie mögen geben ein Totenopfer bestehend aus (Brot und) Bier, (Wein und) Milch, Rind und Geflügel, (3) Weihrauch und Salböl, Alabaster und Stoff sowie an jeder Sache, die gut und (4) rein ist, von der ein Gott lebt,
für den Ka des „Großen der Zehn von Oberägypten" Dedu-Sobek, der das Leben wiederhole.

(5) Ein Opfer, das der König Anubis gibt:
Er möge geben ein Totenopfer bestehend aus (Brot und) Bier,
Rind und Geflügel, (6) Weihrauch (und Salböl)
für den Ka des Vollzugsermächtigten Sobekemhab.
Es ist sein Sohn, der seinen Namen belebt, der „Große der Zehn von Oberägypten" Dedu-Sobek.

Der Großteil des Textes besteht aus einer Opferformel, die auch die Zuordnung des Stückes zum Inventar des Festung Buhen ermöglicht: Es richtet sich an den Horus von Buhen. Erst nachgeordnet wird Month erwähnt, angesprochen als „Stier der Residenz". Filiationen mit der Nennung der Mutter oder weiblichen Verwandten im Text sind ausgeblendet worden. Die Familie ist dennoch gut bekannt. Sobekemhab war ein Angehöriger des Militärapparats der Festung. Sein Titel ist vom Wort „machtvoll sein" abgeleitet. Eine Hilfsübersetzung als „Vollzugsermächtigter" bietet sich von daher an. Inhaltlich ist dieser Titel schwierig zu beschreiben. Seine Träger erscheinen auf Stelen des Mittleren Reiches und der 2. Zwischenzeit in der Regel in unauffälliger Weise. Es handelt sich daher vermutlich eher um die niedrigeren Bereiche in der Militärverwaltung.

Sein Sohn, der auch für die Stelenaufstellung verantwortlich ist, heißt Dedu-Sobek, ein überaus häufiger Name im Mittleren Reich und in der 2. Zwischenzeit. Sein Titel lautet „Großer der Zehn Oberägyptens". Dies ist ein Hofamt und bezeichnet ihn als Mitglied in einem der großen Zivilgremien im Süden des Landes mit Zutritt zum König und dem Wesir. Im späten Mittleren Reich haben die Träger dieses Titels auch Funktionen in der Exekutive: So erscheinen einige von ihnen im Kontext von Expeditionen und hinterlassen Inschriften an den Hauptwegstrecken zum Roten Meer

– oder wie hier in der Festung Buhen an der Südgrenze Ägyptens. Dort wurde zudem eine ausgesprochen qualitätvolle Statuette des Sobekemhab in Schreiberhaltung gefunden, die heute im Museum von Khartum steht. In Auftrag gab sie ebenfalls sein Sohn, hier jedoch nur mit seinem Kurznamen „Dedi" genannt.

Auch die dritte Generation ist, folgt man der möglichen Gleichsetzung einiger Personen auf unterschiedlichen Stelen aus der Festung Buhen, noch bekannt. Sie zeigt, dass weiterhin die Verbindung zwischen Hofrang und Einbindung in das Expeditionsgeschehen besteht: Ein Enkel des Sobekemhab ist als Dragomanen-Anführer verantwortlich für die Dolmetscherabteilungen im Expeditionswesen, der andere Enkel ist wiederum im Hofamt seines Vaters bezeugt. Die Denkmäler dieser Familie geben, im Gegensatz zu anderen zeitnahen Inschriften, noch keine Anzeichen für die Übernahme der Festung durch das Reich von Kerma. In diesen Jahren geht der ägyptischen Zentralmacht die Kontrolle über den Festungsriegel gegen den Süden verloren.

Der Stil der Stele gehört deutlich der 2. Zwischenzeit an. Auch die Dekoration des Giebelfeldes mit zwei Udjat-Augen und einem mittig angeordneten Lebenszeichen ist in dieser Zeit bekannt. Die Inschriften mit ihrer unbeholfen wirkenden Zeichenanordnung fallen in den Beginn der 17. Dynastie. Dabei sind im Verlauf der Anbringung der Texte nicht alle Fehler korrigiert worden: Im Opfergebet wurde beispielsweise das sonst obligatorische Brotzeichen nicht ausgeführt.

Der originale Fundkontext ist unbekannt. Steindorff kaufte das Stück, den Unterlagen des Museums nach zu urteilen, bei einem Kunsthändler in Assuan. Deswegen ist auch der ursprüngliche Aufstellungskontext nicht gesichert. Grundsätzlich gibt es bei dieser Objektgattung drei Optionen: Die Aufstellung am Grab, an einem privaten Gedenkschrein und im Tempel. Ägyptische Funktionsträger wurden nur in vergleichsweise wenigen Fällen in Buhen bestattet. Im vorliegenden Fall spricht alles dafür, in dem Denkmal eine Stele für eine Aufstellung im Tempel des Horus von Buhen zu sehen, der somit auch zur Bühne für die Familienkulte der dort eingesetzten Militärbeamten wurde.

D. R.

Aufforderung zur Aussageverweigerung

Ein Herzskarabäus des Ägyptischen Museums

Inv.-Nr.:	2436
Material:	Serpentinit
Maße:	Höhe: 4,5 cm; Breite: 7 cm; Länge: 10,6 cm
Fundort:	Aniba, Grab S 60
Erwerbung:	Ausgrabung Steindorff 1912
Datierung:	2. Hälfte der 18. – frühe 19. Dynastie (ca. 1450–1300 v. Chr.)

Skarabäen, die Nachbildungen der Mistkäferart *scarabaeus sacer*, gehörten zu den beliebtesten Amuletten der Ägypter. Sie beobachteten das auffällige Verhalten des Käfers: Er formt eine Dungkugel, rollt sie über weite Strecken und versenkt sie in einem Erdloch. Schließlich bricht ein junger Käfer daraus hervor, und der Kreislauf beginnt von neuem. In diesem Vorgang erkannten die Ägypter ein Abbild göttlichen Geschehens: die Fahrt des Sonnengottes in der Himmelsbarke am Tag und sein Eintauchen in die Unterwelt am Abend. Das allmorgendliche Aufgehen der Sonne nach der existenzgefährdenden Nachtfahrt wurde als Garantie für die Überwindung des Todes gedeutet und daher mit der Hoffnung auf eigene Wiedergeburt verknüpft.

Die etwa 0,4 bis 2,5 cm großen Käferamulette aus ägyptischer Fayence oder Stein waren längs durchbohrt und konnten, auf eine Schnur gefädelt, von Lebenden wie Verstorbenen getragen werden.

Eine besondere Gruppe unter diesen Hoffnungsträgern sind die Herzskarabäen. Sie unterscheiden sich auffällig durch ihre Größe, die zwischen 4 und 10 cm liegt. Als Material wurde gerne der grüne Jaspis gewählt, aber auch andere, meist schwarze Steine mit grünlichem Schimmer, wie es ein Nachtrag zu dem Herzskarabäenspruch des Totenbuches empfiehlt:

> Zu sprechen über einem Käfer aus grünem Stein, eingefasst mit Weißgold, sein Ring aus Silber. Werde gegeben dem Verstorbenen an seinen Hals.

Grün, die Farbe der Pflanzen, stand für Frische und Gedeihen und somit als Symbol für Jungsein und für Verjüngung und Leben im Jenseits.

Dem Material und der Größe ist es wohl geschuldet, dass die Herzskarabäen nicht ihrer Länge nach durchbohrt sind. Dennoch waren auch sie zum Tragen gedacht; der oben zitierte Spruch liefert die Gebrauchsanweisung. Tatsächlich sind diese Amulette kostbar gefasst in sogenannten Pektoralen oder Brustschildchen gefunden worden, die mit einer Kette um den Hals zu tragen waren. Andere haben zwei Bohrungen an der Kopfseite zum Anbringen einer Schnur. Als Träger legt der Spruch ausdrücklich den Verstorbenen fest, in dessen Brustbereich der Skarabäus zu deponieren ist. Dies ist durch Funde auf der Mumie oder in der Mumienwicklung archäologisch bestätigt. Das Amulett lag so auf dem physischen Herz des Verstorbenen, das im mumifizierten Körper blieb.

Die flache Basis kann das übliche Oval von Skarabäen haben, häufig ist sie jedoch in Form der Hieroglyphe für Herz ♡ gebildet. Auf ihr ist ein kleiner Text eingraviert, der sogenannte Herzskarabäenspruch aus dem Totenbuch, nach ägyptologischer Nummerierung Tb 30B.

Die Herkunft des hier vorgestellten Leipziger Herzskarabäus (Abb. 8–11) ist gut dokumentiert. Er stammt von einem Friedhof des unternubischen Ortes Aniba, den Georg Steindorff in drei Grabungskampagnen untersucht hat. In der südlichen Nekropole (Friedhof S) waren ägyptische Beamte bestattet, die in der eroberten Provinz Dienst getan und ein ägyptisches Begräbnis erhalten hatten. Die Mehrzahl dieser Gräber datiert in die 18. Dynastie. Das Grab S 60, aus dem der Skarabäus stammt, wurde 1912 freigelegt und barg außerdem 13 Gefäße, eine Dechselklinge aus Bronze und drei hölzerne Stuhlbeine in Form von Löwentatzen.

Abb. 8–11: Der Herzskarabäus ÄMUL 2436

Abb. 8

Abb. 9

Abb. 10

Abb. 11

Der Skarabäus ist aus Serpentinit, einem schwarzen Stein, sehr sorgfältig gearbeitet, 10,6 cm lang, 7,0 cm breit und 4,5 cm hoch. Die beiden Bohrungen am Kopfende sind nachträglich und achtlos angebracht worden. Sie beschädigten auf der Oberseite die vorderen Käferbeine und auf der Basis die Zeilenlinie sowie die Hieroglyphe des hockenden Mannes. Auf den ersten Blick befremdlich ist die Kopfpartie: Anstelle des Käferkopfes streckt sich ein Menschenkopf leicht schräg nach oben. Im Detail betrachtet ist es ein eindrucksvolles (Männer-)Gesicht (Abb. 10). Die weit geöffneten Augen mit den Schminkstrichen wirken höchst aufmerksam: der breite Mund, die gefurchten Gesichtszüge – die Kerbe an der Nase ist sicher einem falschen Meißelschlag zuzuschreiben – hinterlassen einen lebendigen Eindruck. Der nahtlose Übergang von der runden, voluminösen Beamtenperücke in den Käferkörper wirkt ganz „natürlich". Die Idee hinter dieser „Mischgestalt" war wohl der Wunsch des Verstorbenen nach größtmöglicher Identifizierung mit dem Herzskarabäus, der seinen Appell trug.

Die Basis hat die Form einer stark vereinfachten Herzhieroglyphe (Abb. 12). Der Text in elf Zeilen ist – wie bei fast allen Herzskarabäen – eine Variante des Totenbuchspruches Tb 30B. Die Ergänzungen in runden Klammern innerhalb der Übersetzung entsprechen der häufigsten Form des Textes:

(1) Worte zu sprechen durch [frei]. Er soll sagen: „Mein Herz von (meiner) Mutter, von (2) (meiner) Mutter, mein Herz meiner Herausbildung!
(3) Stehe nicht auf gegen mich als Zeuge!
(4) Tritt nicht auf gegen mich im Großen Richterkollegium (5) des Osiris vor dem Waagemeister!
(6) Du bist mein Ka, der in meinem Leib ist, und Chnum, der heil sein lässt (7) (meine) Glieder.
Du sollst herauskommen zu dem Guten, das uns dort vorbereitet ist.
Nicht (8) mache (meinen) Namen stinkend für die Räte, für die, die den Menschen bestimmen (9) die Lebenszeit.
Gut ist es für uns, gut für die Verhörenden, durch das Herz des (10) Richtenden ((?) eigentlich: „eine Freude für den der richtet").
Sage keine Lüge gegen mich zur Seite Gottes!
(11) Siehe, du bist erhöht, indem du bist (gerecht gesprochen).

Der Spruch beginnt mit einer doppelten Redeeinleitung (Zeile 1). Dabei dient die erste dazu, den Namen des Verstorbenen zu nennen und ihn als Sprecher einzuführen. Hier ist der Platz für den Namen frei geblieben. Dieser relativ häufige Befund bei Herzskarabäen lässt darauf schließen, dass sie in den Werkstätten auf Vorrat gearbeitet wurden und der Name seines künftigen Besitzers noch eingefügt werden sollte. Sei es nun der Eile des Begräbnisses geschuldet oder einfach nur Vergesslichkeit – der Verstorbene aus Grab S 60 musste auf die Individualisierung seines Skarabäus verzichten. Leider geben auch die anderen Grabbeigaben keinerlei Hinweis auf seinen Namen. Die zweite Redeeinleitung, genauer: Redeaufforderung, leitet dann den eigentlichen Sprechakt ein. Mit nachdrücklicher Wiederholung wird das Herz des Verstorbenen (Zeilen 1–2) im mumifizierten Körper angerufen. Auffallend ist dabei die Verwendung von zwei unterschiedlichen Wörtern für „Herz": *Ib* und *Hati*. In einer Reihe von Texten werden sie als Synonyme gebraucht: In einigen meint *Hati* vorwiegend den physischen Aspekt, *Ib* stärker eine Gefühls- und Verstandeskomponente des Herzens. Im Spruch der Herzskarabäen sind sie je mit einer festen Spezifizierung verbunden. „Mein Herz (*Ib*) von meiner Mutter" steht wohl für die mit der Geburt gleichsam ererbten Anlagen. Für *Hati* verwendet der Spruch als Zusatz das Wort *cheperu*, das auf die Wurzel *cheper* mit der Bedeutung „werden, entstehen" zurückgeht. Damit zielt die Bedeutung von *cheperu* deutlich auf einen Prozess, für den die verschiedenen ägyptologischen Übersetzungen Nuancierungen bieten: wechselnde Formen, Transformationen, Entwicklungsphasen, verschiedene Lebensalter. Hier ist die Übersetzung „Herausbildung" gewählt worden. Gemeint ist die Formung und Wandlung des Menschen durch Erziehung und eigene Willenskraft. Das Herz galt den Ägyptern als Sitz des Gefühls, des Verstandes und des Willens und damit auch seiner Entscheidungen für Gut oder Böse. Es ist deutlich, dass im Spruch Tb 30B *Ib* und *Hati* mit ihren besonderen Prägungen wie zwei Seiten einer Medaille gedacht sind und so auch als Einheit mit *Du* (Zeile 6) angesprochen werden.

In den folgenden Zeilen kommt der Sprecher in mehrfacher Variation zu seinem dringlichen Anliegen. Schlüsselwort ist das „Große Richterkollegium des Osiris" (in der Übersetzung mit „die Räte" wiedergegeben), d. h. ein Gerichtsszenarium, das Spruch Tb 125 in Wort und Bild zum Thema hat. Sein Titelbild zeigt Szenen aus dem Totengericht (Abb. 13): In einer Kapelle thront als Vorsitzender des Gerichts der Gott Osiris. Ein Teil seines Richterkollegiums aus insgesamt 42 Richtern ist im oberen Bildregister festgehalten. Am Eingang erscheint der Verstorbene, geführt vom schakalköpfigen Gott Anubis.

Abb. 13: Vignette zu Tb-Spruch 125 aus dem Totenbuch des Hunefer (um 1300 v. Chr.)

Der Titel des Spruchs Tb 125 liefert nun die Regieanweisung: „Was zu sprechen ist, wenn man zu dieser Halle der vollständigen Wahrheit gelangt." Wider Erwarten muss sich der Verstorbene nicht zu einer Anklageschrift äußern, es gibt keinen Kläger. Vielmehr muss er beteuern, eine Vielzahl von Vergehen n i c h t begangen zu haben, die ihm der Spruch vorformuliert. Dieses sogenannte „Negative Sündenbekenntnis" umfasst Verstöße bis hin zu Verbrechen gegenüber Tieren, Menschen und Göttern, d. h. Vergehen, die die richtige Ordnung in Natur und Gesellschaft und im Verhältnis zu den Göttern, ägyptisch gesprochen die Ma´at, verletzt haben könnten. Das ist keine Formalität, denn Punkt für Punkt des Bekenntnisses wird die Wahrhaftigkeit der Aussagen überprüft. Der Bewertungsmaßstab ist die Ma´at. Auf einer Balkenwaage wird sie – symbolisiert durch eine Feder – auf der einen Waagschale gegen das Herz des Verstorbenen auf der anderen aufgewogen. Wie ein Lügendetektor reagiert es auf die Bekenntnisse des Kandidaten und bewirkt damit, dass sich die gewünschte Balance von Ma´at und Lebensführung herstellt oder dass bei großer Schuldlast die Waagschale mit dem Herzen sinkt. In letzterem Fall führen die Meldung des Waagemeisters Anubis und die Berechnung des Gottes Thot zu einem vernichtenden Ergebnis: Die „Fresserin", ein Monstrum aus Nilpferd-, Löwen- und Krokodilkörper, bereitet dem Verstorbenen den endgültigen Tod.

Das gilt es mit allen magischen Mittel zu verhindern, und hier haben der Herzskarabäus und der Spruch Tb 30B ihre Aufgabe. Der Verstorbene beschwört sein Herz, nicht als Zeuge gegen ihn aufzutreten, d. h. eine selbstbelastende Aussage über *ma´at*-widriges Verhalten zu verweigern, damit dem Waagemeister kein negatives Ergebnis angezeigt (Zeilen 3–5) und sein Ansehen bei den Richtern nicht Schaden nehmen kann (Zeile 8). Ja, er besitzt die kleine Frechheit zu unterstellen, dass die Aussage seines Herzens lügnerisch sein könnte (Zeile 10) und auch deshalb unterbleiben sollte. Positiv beschwört er die erhoffte Lebensfähigkeit und Unversehrtheit und die allseitige Zufriedenheit bei einem günstigen Verlauf (Zeilen 6–7, 9–10). Die letzte Zeile formuliert Abschluss und Ergebnis des Verfahrens, wobei leider ein wesentlicher Teil der Formel fehlt. Die neue Qualität des Toten als einem, der in eine jenseitige, ewige Existenz erhöht ist, wird in vollständig überlieferten Sprüchen mit der entscheidenden Begründung abgeschlossen: „indem du wahr an Stimme bist." Die Beteuerung einer *ma´at*-gerechten Lebensführung konnte also – auch dank der magischen Intervention des Herzskarabäus – nicht widerlegt werden. Mit seinem Bekenntnis hat sich der Verstorbene „gerecht gesprochen": Die kleine Formel schließt beides, Begründung und Ergebnis, ein. Sie fehlt gelegentlich am Schluss des Spruchs, obwohl, wie beim Leipziger Stück, noch Platz wäre – merkwürdig bei einem magischen Instrument, das absichern und nicht die Fiktion eines offenen Ausgangs unterstellen soll. Der Herzskarabäus eines Namenlosen aus Grab S 60 in Aniba möge seine Aufgabe trotzdem erfüllt haben!

A. O.

Das älteste Schulbuch der Welt

Inv.-Nr.:	3956
Material:	Kalkstein
Maße:	Höhe: 10,8 cm; Breite: 14 cm; Dicke: 0,8 cm
Fundort:	unbekannt (vermutlich Theben)
Erwerbung:	1928/29 von Steindorff in Luxor angekauft
Datierung:	Neues Reich (16.–11. Jahrhundert v. Chr.)

Die etwa handtellergroße Kalksteinscherbe ist auf der Vorder- und Rückseite beschrieben und enthält insgesamt zehn senkrechte Zeilen (= Kolumnen) eines zusammengehörigen Textes, bei dem es sich um eine Schülerübung handeln wird (Abb. 14/15). Anders als es sein bruchstückhaftes Aussehen vermuten lässt, sind die Kolumnen nahezu vollständig, und nur an wenigen Stellen ist ein Wort weggebrochen. In Übersetzung lautet der Text:

Abb. 14: Fragment der Kemit (Vorderseite)

Abb. 15: Fragment der Kemit (Rückseite)

22

Dein Befinden ist (wie) das eines, der millionenfach lebt. Month, der Herr von Theben, möge für dich handeln, wie (es) ein ergebener Diener wünscht. Ptah-südlich-seiner-Mauer möge dein Herz sehr erfreuen durch (die Vergabe von) Leben, einem (vollkommenen) Lebensalter und dem Gelangen zum (Status) deiner Ehrwürdigkeit. Möge deine vollkommene Ehrwürdigkeit bei dem Ka des Month, des Herrn von Theben, sein, so wie (es) ein ergebener Diener wünscht. (Bitte Popko)

Generisch liegen in diesen wenigen Sätzen Briefformulierungen, genauer: Segensformeln für den Adressaten, vor. Die Schrift ist im Vergleich zu den anderen Leipziger Ostraka ungewöhnlich: Zum einen liegt eine Mischung aus – eigentlich für religiöse Texte reservierten – Kursivhieroglyphen und hieratischen Zeichen vor; zum anderen ist es von oben nach unten und von rechts nach links beschrieben – typisch für hieratische Texte des Alten Reiches, wohingegen sich im Verlauf des Mittleren Reiches eine Anordnung in waagerechten Zeilen durchsetzt. Dennoch wird man das Ostrakon mit einiger Sicherheit in das Neue Reich datieren können. Sowohl inhaltlich als auch vom Schriftduktus her lässt es sich nämlich als Fragment der „Kemit" bestimmen, die bis auf wenige ältere Ausnahmen aus dem Neuen Reich überliefert ist und dort vor allem in Deir el-Medina kursierte. Es ist daher nicht unwahrscheinlich, dass auch dieses Objekt von dort stammt.

Bei der Kemit handelt es sich um einen auf mehreren hundert bekannten Ostraka, einigen wenigen Schreibtafeln und zwei Papyri überlieferten Text. Die Bezeichnung ist im Übrigen die originale und nicht modern, was insofern ungewöhnlich ist, als separate Werktitel erst in der Neuzeit üblich wurden und Schriften im gesamten Altertum normalerweise, wenn überhaupt, nach der Einleitung benannt wurden. Auch in diesem Fall stand der Titel nicht etwa dem Text voran, sondern wird in der Lebenslehre des Cheti (12. Dynastie) genannt, in der auch gleich ein Zitat daraus gegeben wird: „Lies doch am Ende des (Buches) Kemit; du wirst diesen Spruch darin finden mit dem Wortlaut: ‚Was den Schreiber auf irgendeinem seiner Posten der Residenz angeht: es wird ihm nicht erbärmlich gehen in ihr (d. h. in der Residenz).'" Die Bedeutung des Titels ist noch nicht völlig klar, vielleicht ist er mit „das Abgeschlossene" zu übersetzen. Das Verdienst, den Text identifiziert zu haben, gebührt Georges Posener, der im Jahr 1948 einen zu Teilen schon 15 Jahre zuvor publizierten Modellbrief durch weitere Ostraka um zusätzliche Passagen erweitern konnte und dabei auf diesen in der Lebenslehre zitierten Satz stieß. Der Gesamttext lautet in einer geglätteten Fassung (der Ausschnitt des Leipziger Fragments ist kursiv gesetzt):

§ 1 Ein Diener ist es, der zu seinem Herrn spricht, dem er wünscht, dass er für die Dauer der Ewigkeit bis zur Unendlichkeit lebe, heil und gesund sei, wie (es) ein ergebener Diener wünscht. § 2 Du mögest gerechtfertigt sein vor den

Ba-Seelen von Heliopolis (= eine Göttergruppe) und vor allen Göttern. Sie mögen veranlassen, dass du lebst, und sie mögen dir täglich alle guten Dinge tun, wie (es) ein ergebener Diener wünscht. *§ 3 Dein Befinden ist (wie) das eines, der millionenfach lebt. Month, der Herr von Theben, möge für dich handeln, wie (es) ein ergebener Diener wünscht. § 4 Ptah-südlich-seiner-Mauer möge dein Herz sehr erfreuen durch (die Vergabe von) Leben, einem vollkommenen Lebensalter und dem Gelangen zum (Status der) Ehrwürdigkeit. Möge deine vollkommene Ehrwürdigkeit bei dem Ka des Month, des Herrn von Theben, sein, so wie (es) ein ergebener Diener wünscht.* § 5 In sehr schönem Frieden! Betreffs dieser Schreiben, die mir ein Bote deiner Autoritätsperson dessentwegen/ihretwegen sandte: Ich werde tun, was du wünschst, § 6 damit du zufriedener als die Herrin von Bubastis (= die Göttin Bastet) bist. Was dieses mein Herz erfreut, ist die Veranlassung, dass (eine Person namens) Au (zurück)kommt, damit ich ihn in seinem dritten Jahr (wieder) sehe, § 7 indem er gesalbt ist mit Myrrhe von Punt und dem Wohlgeruch d(ies)es Gotteslandes (und) indem er sich mit dem Schurz kleidet, den ich angefertigt habe. Der junge Mann, er möge die Vorhalle sehen. § 8 Wortlaut/Sie sagt (?): Geh, Au, und siehe du deine Frau (wieder). Schmerzlich ist, dass sie (um) dich weint. Sie weint (um) dich wegen (?) deiner Fische des Nachts und deiner Vögel des Tags. § 9 Komm du nach Norden! Ich will dir diese Worte meiner Kollegen und ihrer Verwandten berichten, nachdem sie mich im Süden der Stadt gefunden hatten. § 10 Mein Herz war froh an einem fernen Ort (?). (Mit) dem Kopf auf den Knien (trauere ich) wie eine Waise, wenn (sie) in eine andere Stadt geht. § 11 Heute bin ich aus der Stadt meiner Liebsten gekommen und ich habe das große Stadttor passiert. (Am) Tag des Festes fand ich meinen Vater, während meine Mutter zum Sykomore(ntempel) gegangen war. § 12 Ich bin einer, den sein Vater liebt und den seine Mutter lobt, einer, den seine Brüder und seine Schwestern lieben. Niemals war ich meinem Vater gegenüber aufrührerisch, und ich habe meine Mutter nicht betrübt (?). § 13 Wiedergegeben werden soll das, was (mein) Vorgesetzter sagte, damit die Angelegenheiten geregelt werden (?): ‚Ich bin ein Schweiger der Vorhalle, der durch die Erzeugnisse der Lippen die Aufregung bezwingt, § 14 einer, der frei von Geschwätzigkeit ist, ein ergebener Schreiber, vortrefflich für seinen Herrn, ein Künstler seines Gewerkes. § 15 Ach, breite deine Schriften aus, indem du als Schüler agierst, ausgebildet gemäß (?) den Schriften, die (schon) in meiner Anfangszeit nützlich waren! (Und) mein Vater erzog mich gemäß den Schriften, die (bereits) für (?) seinen Vorfahren nützlich waren. § 16 Beim Berauben packt er seinen Arm. Ich fand, dass ich da belohnt wurde (?), (auch wenn) mein Gesicht geschlagen wurde (?), trotz meiner Klugheit und obwohl ich erfahren war. § 17 Es ist so, dass der Diener bei der Müllerin bleibt. Du sollst dir einen Schüler schaffen, der gemäß den Schriften erzogen wurde. Was den Schreiber auf jedem seiner Posten (in) der Residenz betrifft: Er ist dort nirgendwo elend dran.'

Soweit der vollständige Text. Auch wenn er in weit über 300 Versionen in mal längeren, meist aber kürzeren Ausschnitten bekannt ist, es demzufolge an Vergleichsstücken nicht mangelt, ist sein Inhalt noch immer schwer verständlich. Große Probleme bereitet die schon originale Aufteilung in einzelne Kapitel oder Paragraphen (einzig deren Nummerierung ist modern), trennt sie doch mitunter eng Zusammengehöriges, ja sogar ganze Sätze. Einige der unklaren Phrasen, wie etwa die Sätze mit der Vorhalle (§ 7) oder dem Diener und der Müllerin (§ 17), geben vermutlich Sprichwörter wieder, deren Bedeutung nicht überliefert ist und die somit das Textverständnis weiter erschweren.

Zwei Personen lassen sich allein aufgrund des Textgenres feststellen: Einmal der Absender des Briefes, der von sich selbst in einer üblichen ägyptischen Demutsfloskel als „ein ergebener Diener" spricht, vergleichbar etwa mit unserem „meine Wenigkeit". Seinen Adressaten spricht er als „Herrn" an und verwendet einmal sogar eine Bezeichnung, die in deutschen Übersetzungen altägyptischer Texte meist mit „Majestät" übersetzt wird (und die daher hier etwas holprig als „Autoritätsperson" wiedergegeben wurde). Nach den ersten vier Paragraphen, bei denen es sich um bekannte Einleitungs- und Segensformeln aus Briefen des frühen Mittleren Reiches handelt, setzt in § 5 der eigentliche Inhalt ein. Interessanterweise ist die erste Floskel dieses Paragraphen zwar ein verbreiteter Willkommensgruß, erscheint in Briefen aber sonst nur in einem an König Sesostris in der Erzählung des Sinuhe (dem Original, nicht dem Roman von Mika Waltari) gerichteten. Ob der Autor des Sinuhe sein Schreiberhandwerk mit der Kemit gelernt hat? Der Absender nimmt Bezug auf frühere Schreiben, die er von seinem Adressaten erhalten hat und deren Inhalt er auszuführen verspricht. Besonders erfreut ist er über die (in einem der Schreiben erwähnte?) Veranlassung, dass eine Person namens Au zurückkehrt. Ist diese Lesung korrekt, sind der Absender und Au nicht dieselbe Person, wie einige andere Übersetzungen implizieren.

Die folgenden Paragraphen werden immer sentenzenhafter und schwerer zu verstehen. Mehrfach findet ein Sprecherwechsel statt, ohne dass er gekennzeichnet würde, was für ägyptische Texte, die keine Redemarkierungen in Form von Anführungszeichen oder ähnlichem kannten, eigentlich sehr ungewöhnlich ist. So wird in § 8 Au angesprochen, in § 9 aber eine Frau (im Original an den Personalpronomina erkennbar). Spätestens in § 11 wird niemand mehr angesprochen, sondern der Absender spricht von eigenen Erlebnissen oder zitiert die Erlebnisse einer anderen Person.

Die letzten Paragraphen gehören in das Genre der Lehrtexte: sie preisen eine gute Ausbildung in einer über mehrere Generationen hinwegreichenden Tradition und den Nutzen des Schreiberberufs als Garant eines gewissen Wohlstandes.

Die Problematik des Inhalts der Kemit berührt auch die Frage nach ihrem Zweck. Da sie in so vielen Kopien vorliegt, versteht man sie meist als einen Modellbrief, anhand dessen während der Schreiberausbildung typische Briefformulare geübt wurden. Die lehrhaften Phrasen in ihrem letzten Teil bilden eine gute Brücke zu den Weisheitslehren, die zur Erlernung von Moralvorstellungen, Werten und korrekten Verhaltensweisen ebenfalls der Ausbildung dienten und von denen einige im Neuen Reich in Form von

„Brieflehren", also fiktiven Briefen, überliefert sind. Aufgrund der Interpretation als Lehrstück wird die Kemit gelegentlich als „ältestes Schulbuch der Welt" bezeichnet.

Der Mittelteil hat sich bis jetzt einer überzeugenden Interpretation entzogen. Die Erwägung, hierin Formulierungen zur Erstellung von autobiographischen Texten zu sehen, die als Bestandteil der Grabdekoration auch zum Repertoire von ausgebildeten Schreibern gehören, wirkt ein wenig konstruiert, da inhaltlich wie formell nur sehr Weniges an Autobiographien erinnert. Jüngst hat David Klotz in der bislang unverständlichen letzten Sentenz von § 8 eine Anspielung auf die Unterweltsfahrt des Au gesehen, da sich Verstorbene nach ägyptischer Vorstellung in Fische und Vögel verwandeln können. Seiner Interpretation zufolge würden in der Kemit nicht nur „normale" Briefformulare geübt, sondern auch Formulierungen der ägyptischen Gattung „Briefe an die Toten". Stellenweise erhebt sich auch der Verdacht, dass der Absender als Schreiber für eine Frau auftritt und nur ein Mittelsmann der Kommunikation ist. Auch dies konnte zum Aufgabenfeld eines Schreibers gehören und bedurfte sicher ebenfalls einiger Übung (wofür die Kemit mit ihren komplexen Sprecherwechseln ein hervorragender Beleg ist, wenn diese Überlegung korrekt ist).

Vereinzelt ist neben dieser Theorie, dass der Mittelteil ein Kompendium von Formulierungen sei, auch die Ansicht geäußert worden, dass ein echter Brief vorliege, was die Konkretheit der geschilderten Situation erklärt. Dies ist durchaus denkbar und muss im Grunde der Idee vom Modellbrief, anders als häufig vermutet, gar nicht widersprechen. Selbstverständlich kann ein Modellbrief auf ein ursprünglich echtes Schreiben zurückgehen, das aus bestimmten Gründen als beispielhaft verstanden wurde und Eingang in die Ausbildung fand. Auffälligerweise sind zwar meist nur kurze Abschnitte kopiert worden, doch trotz mancher Fehler gibt es in der Reihenfolge der einzelnen Paragraphen und Sätze fast nie Abweichungen. Der (inhaltlichen?) Strukturierung scheint also wohl doch eine bestimmte Logik innezuwohnen. Oft sind Passagen oder die Bezugsworte einiger Personalpronomina unklar; dies mag jedoch weniger an übersetzerischem Unvermögen als vielmehr am Genre des Textes liegen. Briefe sind ja nie kontextlos und nehmen mitunter auf Sachverhalte früherer Korrespondenzen Bezug, ohne sie noch einmal *en détail* auszuführen. Die Ägypter haben diese Eigenheiten des Briefgenres durchaus auch in literarisch überformten Texten, wie es die Kemit ist, beibehalten. Eine Parallele dazu ist der sogenannte „Moskauer literarische Brief" alias „Die Leiden des Wermai", ein Briefroman aus dem 11./10. Jahrhundert v. Chr., der streckenweise aus denselben Gründen schwer verständlich ist.

Wie auch immer man die Kemit deutet, nicht nur heutzutage gibt es Probleme mit diesem Text – auch schon der eine oder andere Ägypter selbst hatte den Inhalt nicht mehr klar verstanden. Die verschiedenen Kopien weisen zahlreiche, über den ganzen Text verteilte Fehler auf, die die

Verständnisprobleme bezeugen. Besonders deutlich wird dies bei einer erst vor wenigen Jahren gefundenen Kopie des Textes, in der dermaßen viele Fehler auftreten, dass sich der Bearbeiter Günther Burkard des Verdachts nicht erwehren konnte, eine völlig misslungene Schülerarbeit vor sich zu haben, die von diesem oder seinem Lehrer verzweifelt auf den Müllhaufen geworfen wurde, wo er sie dreitausend Jahre später fand.

L. P.

„Lass keine Milde walten mit Nubien! Hüte dich vor seinen Einwohnern und seinen Magiern!"

Der nubische Dämon Sehaqeq

Inv.-Nr.:	5251
Material:	Kalkstein
Maße:	Höhe: 13,3 cm; Breite: 15,7 cm; Dicke: 1,1 cm
Fundort:	unbekannt (vermutlich Deir el-Medina)
Erwerbung:	von Steindorff in Luxor angekauft
Datierung:	Ramessidenzeit (19. Dynastie, 1300–1200 v. Chr.)

Mit dieser Warnung vor den gefährlichen Zauberern aus dem südlich an Ägypten grenzenden Nubien wendet sich Pharao Amenophis II. an seinen dort stationierten Verwalter und Vizekönig Usersatet. Waren die Ägypter selbst zu allen Zeiten Meister in dieser Kunst, so haben sie sich zugleich vor den Fähigkeiten fremder Magier, seien das nun Nubier, Libyer oder Levantiner, gefürchtet. Zahlreiche Geschichten in demotischer Schrift und Sprache aus dem ersten vorchristlichen Jahrtausend legen davon Zeugnis ab. Dabei waren doch die ägyptischen Zunftgenossen ihrerseits im Ausland gern gesehene Helfer bei Hofe, wenn die dortige Magie versagte. Zu erinnern ist auch an den Wettstreit zwischen Moses und den ägyptischen Hofmagiern im Alten Testament (Ex 7,10–12). Der in dem eingangs zitierten Königsbrief erteilte Rat bringt aber ebenfalls die Befürchtung zum Ausdruck, die ausländischen Zauberer könnten effektiver sein als die eigenen Kollegen.

Magie hat es zu allen Zeiten und an allen Orten auch mit Dämonen zu tun, Wesen geisterhafter Natur, menschlich vorgestellt oder in Mischformen aus Mensch und Tier. Diese agieren entweder auf eigene Rechnung oder sie bewegen sich wie Söldner im Gefolge und auf Geheiß von sie dirigierenden Göttern. Als solche werden sie u. a. zu Strafzwecken ins Land geschickt und befallen einzelne Individuen oder ganze Gruppen, was zu Krankheiten physischer oder psychischer Natur führen kann bis hin zu regelrechten Seuchen. Versagt die mehr pharmazeutisch orientierte Medizin, greift man nicht selten zu Beschwörungen der entweder sicher identifizierten oder nur vermuteten dämonischen Gegner. Dabei geht der ägyptische Magier nicht eben zimperlich vor, wenn er den oder die Dämonen in drastischen Worten attackiert und bedroht. Der Leipziger Text preist ihn allerdings eher wie einen Gott: „Gegrüßt seist du ...!"

Ein nicht unerheblicher Teil der Niltalbevölkerung zur Zeit des Neuen Reiches waren nun aber selbst Nubier. Dabei lag ihre Anzahl vermutlich umso höher, je weiter man sich im Süden Ägyptens bewegte. Die Handwerkersiedlung von Deir el-Medina – der vermutlichen Herkunft des Objektes – war demographisch ausgesprochen bunt gemischt. Neben Ägyptern lebten dort semitischsprachige Levantiner, Leute hurritischer Zunge aus der Gegend des heutigen Nordirak, indoeuropäische Hethiter und eben auch Nubisch sprechende Afrikaner. Alle führten ihre lokalen Mythologien, magischen Ideen und Praktiken im kulturellen Gepäck, die angesichts der Tendenz von Polytheismen zu gegenseitiger Toleranz nebeneinander existierten und praktiziert werden konnten.

Das Leipziger Ostrakon mit der äußerst seltenen Darstellung eines nicht-ägyptischen Dämonen nebst begleitender Beschwörung (Abb. 16-17) ist ein buchstäblich sprechendes Zeugnis eines religiösen Imports. Um wen handelt es sich nun bei dem merkwürdig verrenkt gezeichneten Wesen, was bewirkt er in den Menschen und warum stammt er aus Nubien? Bislang sind sechs Varianten des neben die Figur geschriebenen Zaubertextes bekannt. Darunter ist die beidseitig beschriebene Leipziger Variante die am besten erhaltene, die den Dämon auch in seiner physischen Erscheinung porträtiert. Vier der anderen Versionen beschränken sich auf die reine Beschwörung bzw. Bannung des als lästig empfundenen Quälgeistes.

Zunächst sei also die Illustration selbst betrachtet. Die Scherbe trägt das Bild eines nackten Knaben, dessen Kopf nur wenige Haarsträhnen zieren – eine Variante, die sich heute in Athen befindet, sagt klar, dass er gänzlich kahl sei. Den rechten Arm hält er verschränkt vor das Gesicht, so als wolle er nicht gesehen werden oder selbst irgendetwas nicht betrachten müssen. Der linke Arm ist leicht nach vorn ausgestreckt und sein Hintern weist einen zunächst nicht identifizierbaren Fortsatz auf. Wäre nur das Bild, ohne begleitenden Text, bekannt, könnte man mit dieser Haltung und der rückwärtigen „Applikation" nicht allzu viel anfangen.

Deshalb hier zunächst eine Übersetzung (mit Ergänzungen aus den anderen Varianten), gefolgt von einigen Erläuterungen zum näheren Verständnis der Beschwörung:

Abb. 16: Das Ostrakon ÄMUL 5251 (Vorderseite)

Abb. 17: Das Ostrakon ÄMUL 5251 (Rückseite)

29

Vorderseite:

Gegrüßt seist du, Sehaqeq, der aus dem Himmel gekommen ist,
dessen Augen in seiner Brauenpartie stecken,
dessen Zunge in seinem Arsch ist.
Er soll sich von Exkrementen nähren!
Sein rechter Arm ist über seinen Augen gekreuzt.
Bote der Sterne ... (?)
Er lebe von Dung!
Herr von Geheimnissen im südlichen Himmel,
vor dem sich die Bewohner des Friedhofes fürchten.
Nedjersehmimem ist der Name deiner Mutter,
Djubischti ist der Name deines Vaters.
Bist du gekommen gegen NN, geboren von der NN?
Ich werde gegen deinen Kadaver vorgehen,
deine beiden Arme seien fern von dir!

Rückseite:

Sie können mich nicht attackieren.
Mir gehören ihre (so!) beiden Hände hinter dem Schrein.

Rezitation über einem Flachsstängel (?), der zu einem Pfeil gefertigt werde gegen den Mann, dem Exkremente gegeben werden sollen.

Der Name des am Ende des Textes auch einfach als „Mensch" bzw. „Mann" bezeichneten Dämonen ist nicht-ägyptischer Herkunft und weist sprachlich nach Nubien. Dazu passt auch gut die Notiz, dass er über Kenntnisse des südlichen Himmels verfüge. Die Bezeichnungen der Eltern, die den Kopisten übrigens in den Varianten gerne durcheinander geraten, dürften aus der gleichen Region stammen. Wenn zuerst die Mutter genannt wird, dann ist das typisch ägyptisch insofern, als in magischen Texten stets dieser gegenüber dem Vater des individuellen Nutznießers einer Beschwörung der Vorzug gegeben wird.

Leider verhelfen die auffällige Körperhaltung und die deplazierte Zunge („Arsch" steht tatsächlich im Text!) nicht zu einer klaren Bestimmung dessen, was den Dämon eigentlich so gefährlich gemacht hat. Aus den anderen Varianten geht u. a. hervor, dass er wohl des Nachts, aus der Totenwelt kommend, versuchte, durch die Kopfstütze in den Schädel des Schläfers einzudringen und Alpträume auszulösen. Schlechte Träume sind ein häufiges Thema in der ägyptischen Magie, und auf den Schädel und dessen Stütze weisen zwei Wörter kurz vor dem Rezitationsvermerk unmissverständlich hin: „ihre (der Stütze) Hände hinter dem Schrein", letzteres Wort ist eine Metapher für den Kopf. Das obere Halbrund einer Kopfstütze war nicht selten in Gestalt menschlicher Hände ausgearbeitet, worauf der Text anspielt.

H.-W. F.-E.

Vorbildliche Zahlungsmoral

Die Statue des Memi

Inv.-Nr.:   2560
Material: Kalkstein
Maße: Höhe: 63,6 cm; Breite: 23,1 cm; Tiefe: 30,4 cm
Fundort: Gise, Mastaba D 32
Erwerbung: Ausgrabung Steindorff 1905
Datierung: Altes Reich, 5. Dynastie (um 2400 v. Chr.)

Gefunden wurde diese Statue (Abb. 18) zusammen mit einer weiteren von Georg Steindorff am 22. März 1905 in der südlichen Nische der oberirdischen Grabanlage des Königspriesters Memi auf dem Giza-Plateau. Die damaligen Regularien erlaubten noch eine Fundteilung zwischen der Ägyptischen Altertümerverwaltung und den jeweiligen Grabungsmissionen, sodass diese Plastik in das Ägyptische Museum der Universität Leipzig gelangte. Die andere zeigt den Grabinhaber stehend und befindet sich wegen Steindorffs Kooperation mit dem späteren Pelizaeus-Museum in Hildesheim.

Solche Statuen gehörten im Alten Reich zum festen Repertoire von Beamten- und Priestergräbern. Die Anzahl und Qualität war abhängig von den materiellen Möglichkeiten ihrer Besitzer, nicht selten auch von der persönlichen Gunst ihres obersten Dienstherrn, also des Königs höchstpersönlich. Es handelt sich dann um eine sogenannte „Königliche Statuenstiftung".

Zur Beschriftung solcher Figuren gehörte vorrangig der Name des Besitzers auf der Basis, nicht auf dem Körper selbst. Der mit einer mehr oder minder umfangreichen

Abb. 18: Die Sitzstatue des Memi

Titulatur verknüpfte Eigenname macht das Werk zu einem, wenn auch stark typisierten, Abbild eines historischen Individuums. „Memi" seinerseits ist wohl die Kurzform von Kagemni, eventuell aber auch abgeleitet von einem Wort für „Doppelflöte" (altägyptisch *memet*). Sein Amt war das eines Königspriesters, die u.a. in den Pyramidentempeln ihren Dienst versahen.

Wie typisch für Darstellungen von Männern, sind seine unbekleideten Körperpartien rotbraun gehalten. Eine kurze Löckchenperücke bedeckt sein natürliches Haar. Hals und Brust ziert ein bunter Perlenkragen. Ein kurzer leinener Schurz und ein Armband am linken Handgelenk vervollständigen seine Tracht. Die Augen sind schwarz umrandet, seine Oberlippe trägt einen zart angedeuteten Bart. Seine linke Hand hält in ihrer geballten Faust die Andeutung eines Amts- oder Würdestabes. Der Blick Memis geht gebannt geradeaus und signalisiert damit volle Aufmerksamkeit und vor allem Lebendigkeit. Solche Statuen wurden nämlich als lebendige Abbilder begriffen, nicht als tote Materie.

Er sitzt auf einem schwarz bemalten blockartigen Untersatz. Dieser trägt auf beiden Seiten je eine kurze Inschrift. Die neben seinem rechten Bein angebrachte ist die weit weniger bedeutende, da sie sich in standardisierten Phrasen erschöpft. Übersetzt lautet sie:

> Wab-Priester des Königs, Memi, er möge auf den schönen Pfaden wandeln, auf denen die Geehrten wandeln.

Damit sind die Wege des Jenseits und die Versorgung seitens des Königs gemeint.

Von besonderem Interesse dagegen, und weit seltener in dieser Formulierung, ist die Beischrift neben seinem linken Bein, in der er versichert:

> Der Wab-Priester des Königs, Memi, der da sagt: ‚Ich habe diese beiden Statuen vom Bildhauer herstellen lassen, der mit der Bezahlung und dem, was ich ihm verschafft habe, zufrieden war.'

Diese Beteuerung ist in mehrfacher Hinsicht bemerkenswert. Zum einen verweist sie auch auf die zweite, in Hildesheim befindliche Statue des Königs- priesters, des Weiteren wird ein Bildhauer als deren Schöpfer erwähnt, wenn auch – wie zu erwarten – anonym. Namen von Handwerkern sind aus dem Alten Reich nur wenige bekannt. Überhaupt war das Konzept des freischaffenden Künstlers noch nicht existent und ist bekanntlich erst ab der Renaissance zu greifen. Aber worauf Memi den eigentlichen Akzent legt, das ist seine vorbildliche Zahlungsmoral, denn der Bildhauer sei ja „mit der Bezahlung zufrieden gewesen". Dahinter steht ein regelrechter Vertrag zwischen den beiden über einen zu leistenden Preis für das Statuenpaar. Die Höhe dessen in Relation zum Monatseinkommen eines solchen Priesters wüsste man natürlich zu gerne, aber darüber schweigen die Quellen. Mehr noch: Aus der Tatsache, dass Memi ihm diese Zahlung nicht schuldig geblieben sei, kann umgekehrt geschlossen werden, dass dem wohl nicht immer so war. Handwerker hatten also bereits damals mit Zahlungsrückständen zu kämpfen.

H.-W. F.-E.

Ein Ostrakon als Stele

Inv.-Nr.:	1657
Material:	Kalkstein
Maße:	Höhe: 13,2 cm; Breite: 20,2 cm
Fundort:	unbekannt (vermutlich Deir el-Medina)
Erwerbung:	unbekannt
Datierung:	Ende 20. Dynastie (um 1100 v. Chr.)

Auf dem Ostrakon, das als „Ersatz" für eine „richtige" Stele verwendet wurde (in Kolumne fünf wurden die Schriftzeichen als versenktes Relief eingetieft, dann aber nicht weiter ausgeführt.), ist ein nach rechts gewandter Mähnenspringer unter einem großen Wedel dargestellt (Abb. 19). Er ist durch die zwei linken Kolumnen mit linksläufigen Hieroglyphen bezeichnet als:

(1) Edler Ba des (2) Amun-Re, des Königs der Götter (und) Herrn des Himmels.

Der nach links gewandte, hockende Mann im Anbetungsgestus ist durch die drei anderen, rechtsläufigen Kolumnen benannt als:

(3) Der Diener an (4) der Stätte der Wahrheit Qen(5)herchopschef, gerechtfertigt, (und) sein Sohn Nacht-Amun, gerechtfertigt.

Den Titel „Diener (wörtlich: „Der den Ruf hört") an der Stätte der Wahrheit (auf der Westseite Thebens)" trugen all jene Handwerker, die mit der Herstellung der Gräber im Tal der Könige und im Tal der Königinnen beschäftigt waren. Diese Leute waren zwar in gewisser Weise in ihrem Wohnort Deir el-Medina eingeschlossen, standen aber sozial auf relativ hoher Stufe und hatten zahlreiche Privilegien. Die Zahl der Handwerker schwankte zwischen 32 (64. Jahr Ramses' II.) und 120 (2. Jahr Ramses' IV.), je nachdem, wie groß der Bedarf bei der Herstellung des Grabes des jeweiligen Herrschers war.

Abb. 19: Ostrakon ÄMUL 1657 (Vorderseite)

Abb. 20: Ostrakon ÄMUL 1657 (Rückseite)

34

Abb. 21: Stele London BM EA 278

35

Der „Tierkult" war ein wichtiger Bestandteil der ägyptischen Religion und gehörte genau so zu ihr, wie die Vorstellung, dass alle verschiedenen Götter nur unterschiedliche Erscheinungen eines universellen göttlichen Gedankens sind. Die göttliche Macht, die auf dieser Ostrakon-Stele angebetet wird, ist also nicht Amun-Re selbst, sondern gewissermaßen e i n e Verkörperung der mächtigen Kraft, die dem ägyptischen „König der Götter" innewohnt. Leider ist nicht bekannt, wo sich das Kultzentrum des Ba des Amun-Re befunden hat. Da aber Zeugnisse für dessen Kult bisher nur aus Deir el-Medina vorliegen, ist anzunehmen, dass der betreffende Tempel auch in dessen Nähe zu suchen ist.

Qenherchopschef („Kräftig mit seinem Arm") ist auch aus anderen Quellen bekannt: In einem thebanischen Graffito (Graffito 803) nennt er sich nicht „Diener an der Stätte der Wahrheit", sondern „Wab-Priester des Amun" – die Identität ist aber gewährleistet durch die Nennung seiner Söhne im besagten Graffito, z. B. Nacht-Amun („Stark ist Amun"). Zusammen mit anderen Familienangehörigen taucht er auch auf der Stele BM EA 278 (Abb. 21) auf. Auch dort nennt er sich „Diener an der Stätte der Wahrheit". Schließlich ist Qenherchopschef bestens bekannt durch das Testament seiner Mutter Naunachte, in dem er nicht nur mit seinem normalen Anteil, sondern zusätzlich mit einer bronzenen Schüssel bedacht wird, die ursprünglich seinem gleichnamigen Vater gehört hatte. Dieser führte übrigens den Titel „Schreiber an der Stätte der Wahrheit", gehörte also zu den leitenden Angestellten in Deir el-Medina. Daraus lässt sich schlussfolgern, dass auch sein Sohn kein einfacher Handwerker war, sondern zumindest Meister (der Maler, Umrisszeichner oder Reliefbildhauer), denn Ämter wurden im Alten Ägypten in der Regel vererbt. Und gleichzeitig war er auch Amun-Priester, wie aus dem Graffito zu erkennen ist.

Auf der Rückseite (Abb. 20) sind mehrere Zeichnungen von Objekten mit Zahlenangaben in Form von einfachen Strichen angebracht. Sie wurden von einer anderen Hand mit deutlich breiterer Binse gezeichnet. Vermutlich sind hier verschiedene Grabbeigaben aufgezählt, unter anderem: ein Stück Stoff, sechs Uräen, zwei Dolche, elf Bes-Figurinen und 20 Stoffstücke.

Doch warum diese Zeichnungen und nicht einfach eine geschriebene Liste? Möglicherweise wurde diese Zusammenstellung von einem Arbeiter angefertigt und/oder genutzt, der des Schreibens und Lesens nicht mächtig war. Stattdessen malte er die notwendigen Objekte einfach auf.

Es kann nur spekuliert werden, in welchem Kontext die Liste gebraucht wurde. Ähnliche Fundstücke (Abb. 22) aus Deir el-Medina legen eine gewerbliche Nutzung als Merkliste für zu waschende Kleidung oder für Grabbeigaben nahe. Aufgrund der verschiedenartigen Objekte ist es zumindest denkbar, dass beim Leipziger Stück Teile einer Grabausstattung vermerkt worden sind.

F. S./B. B.

Abb. 22: Ostraka aus Deir el-Medina mit verschiedenen Objekten und Zahlenangaben

37

‚Diener‘ ohne Herrn

Ein Leipziger Uschebti

Inv.-Nr.:	6023
Material:	Schiefer, Gold
Maße:	Höhe: 19,7 cm; Breite: 5 cm; Tiefe: 3,7 cm
Fundort:	Aniba, Grab S 59
Erwerbung:	Ausgrabung Steindorff 1912
Datierung:	18. Dynastie (um 1425 v. Chr.)

Die hier behandelte Statuette stammt aus der ersten Grabungskampagne von Georg Steindorff in Aniba und wurde auf dem sogenannten Südfriedhof im Grab 59 aufgefunden. Das Grab bestand aus einer Hauptkammer, von der eine flache Treppe mit fünf Stufen in die eigentliche Sargkammer führte sowie zwei Nebenkammern, die sich im Westen anschlossen. Insgesamt konnten 18 Funde geborgen werden, von denen sich heute noch acht in Leipziger Besitz befinden (fünf Gefäße, ein Gefäßdeckel, ein Beschlagstück sowie die hier behandelte Totenstatuette). Der genaue Auffindungsort der Figur wird in der Grabungspublikation nicht vermerkt.

Die Statuette (Abb. 23/24) trägt eine die Ohren freilassende, dreigeteilte Strähnenperücke, die über die Brust und den Rücken herabfällt und damit teilweise den breiten, heute nur noch partiell vergoldeten Halskragen verdeckt. Das rundliche Gesicht der Figur ist gut modelliert und lässt sich durch ihre mit erhabenen Schminkstrichen versehenen Augen, die bis zu den Ohren reichenden plastischen Augenbrauen, den kleinen Mund mit der etwas breiteren Unterlippe und den etwas zu hoch angesetzten Ohren in das Neue Reich, genauer gesagt in die Zeit nach Amenophis II., datieren.

Der Körper ist mumiengestaltig, jedoch sind Arme und Beine in der Umhüllung angedeutet. Beide Hände sind zu Fäusten geballt und über der Brust gekreuzt, die Finger durch Kerbungen an den Seiten angegeben. Nur die Daumen, die bei anderen Statuetten Werkzeuge tragen, sind ausgearbeitet. Der Gesamteindruck wird durch mehrere Sprünge im Material auf der Vorder- und Rückseite beeinträchtigt.

Die Darstellung als Mumie weist auf die Funktion der Figur hin: Es handelt sich um einen Vertreter der in Ägypten vermutlich „Schabti" (altägyptisch *schabi* „(eine Person) ersetzen") genannten Figuren, die seit dem Mittleren Reich für den Verstorbenen bestimmte Arbeiten verrichten sollten. Im Neuen Reich ist daneben auch der Ausdruck „Schawabti" – vielleicht vom altägyptischen Wort für Perseaholz – nachgewiesen. In der 3. Zwischenzeit entwickelte sich daraus die Bezeichnung „Uschebti", welche mit „Antworter" übersetzt werden kann und bis in die Ptolemäerzeit verwendet wurde. Zuerst aus Wachs oder Nilschlamm geformt, dominierten später

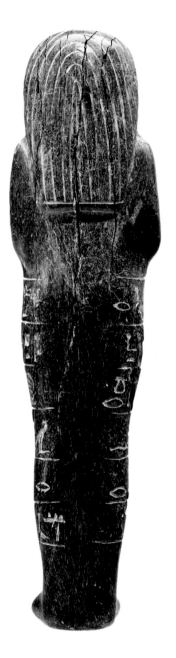

Abb. 23: Uschebti ÄMUL 6023 (Vorderseite)　　　Abb. 24: Uschebti ÄMUL 6023 (Rückseite)

Stein, Holz und besonders Fayence als Herstellungsmaterialien. Grundsätzlich lassen sich die kleinen Totenfiguren in zwei Kategorien unterteilen: In Arbeiter (ausgestattet mit Hacken für die Feldarbeit und/oder Säckchen für den Transport von Saatgut) und in Aufseher oder Oberaufseher (ausgestattet mit Peitschen oder Geißeln und oft auch in der Tracht der Lebenden und nicht in Mumienform), die dafür sorgen sollten, dass die Arbeiteruschebti ihren Pflichten nachkamen.

Wurden am Anfang der Verwendungsgeschichte der Uschebti zunächst nur wenige mit in das Grab gegeben, stieg ihre Zahl im Laufe des Neuen Reiches stark an. Idealerweise benötigte man 401 Uschebti: 365 Arbeiter für jeden Tag des Jahres plus 36 Aufseher (für jede Woche einen, da eine ägyptische Woche zehn Tagen entsprach). Einen Höhepunkt der Uschebtiproduktion bildet die Bestattung des kuschitischen Pharaos Taharka mit mehr als 1000 mitgegebenen Figuren. Die Zahl der auf dem Südfriedhof von Aniba ausgegrabenen Totenfiguren schwankt in den einzelnen Gräbern zwischen 1 und 349.

Uschebti sollten primär dem Verstorbenen Arbeiten im Jenseits abnehmen, jedoch vereinigten sich in ihnen verschiedene altägyptische, religiöse Vorstellungen. Ursprünglich sah man in ihnen ein Abbild des Verstorbenen im Grab. Mit der Darstellung als Mumie symbolisierten sie dessen Unversehrtheit, die für die Auferstehung und die Existenz im Jenseits von großer Bedeutung war. Ihre Aufgabe wird durch den auf ihnen aufgebrachten Spruch untermauert (Tb 6), der sich seit der 13. Dynastie eingeritzt oder aufgeschrieben auf den Figuren findet und in einer Hauptversion und verschiedenen Kurzformen bis zur Ptolemäerzeit verwendet wurde. Im Spruch werden sie aufgefordert, die Arbeiten zu übernehmen, zu der eigentlich der Grabherr verpflichtet wird und „Ich will es tun, hier bin ich" zu sagen. Dies zeigt, dass Uschebti sozusagen als Ersatzmann des Verstorbenen fungierten.

Der eingeschnittene Text des hier behandelten Uschebtis zeigt sechs horizontale Hieroglyphenzeilen, die um die Seiten sowie das Vorderteil der Figur verlaufen. Am Rücken wirkt die Inschrift auf den ersten Blick abgerieben, sie ist aber vollständig, wie die Übersetzung des allerdings verkürzten Spruches zeigt:

> Oh ihr Schawabti, wenn eingeteilt wird Osiris [frei] irgendwelche Arbeit auszuführen im Totenreich, dem Mann gemäß seinem Anteil, um überzusetzen Sand von Westen nach Osten. „Ich bin es, siehe, ich!"

Der in der zweiten Zeile von oben ausgelassene Name und Titel desjenigen, für den der Uschebti Dienst tun soll, kann nicht durch mindere Qualität der Statuette erklärt werden: Material und Ausstattung zeigen hier keinesfalls Massenware, sondern weisen sie eher als ein Zwischenhandelsprodukt aus. Das bedeutet, dass die Figur möglicherweise in Ägypten hergestellt wurde, aber nicht für eine bestimmte Person, sondern ver-

Abb. 25: Uschebti ÄMUL 6132 (Vorderseite)   Abb. 26: Uschebti ÄMUL 6132 (Vorderseite)

41

mutlich als Ware zum Verkauf nach Nubien diente. Dort wäre dann die Endproduktion erfolgt, also die Einsetzung von Namen und Titel. Warum dies hier und bei einem anderen Leipziger Uschebti, welcher ebenfalls aus Aniba stammt (Inv.-Nr. 6132, Abb. 25/26), nicht erfolgte, muss unbeantwortet bleiben. Da beide jeweils in eine Grabausstattung integriert waren, konnten sie scheinbar auch nur durch ihr Aussehen und den auf ihnen angebrachten Spruch zu Arbeiten herangezogen werden, ohne ihren Auftraggeber zu ‚kennen'.

K. S.

Differenz von Text und Bild

Die Stele des Penbui

Inv.-Nr.:	5141
Material:	Kalkstein
Maße:	Höhe: ca. 40,5 cm; Breite: ca. 31 cm; Tiefe: ca. 5,4 cm
Fundort:	Deir el-Medina
Erwerbung:	1937 aus der Sammlung Steindorff erworben, in Ägypten gekauft
Datierung:	19. Dynastie (Ramses II. um 1250 v. Chr.)

Lobpreis geben für Hathor,
das Oberhaupt von Theben, die Herrin des Himmels,
die Gebieterin aller Götter, das Auge des Re,
die Unvergleichliche, die Gebieterin der beiden Ufer des Horus.

Sie gebe eine gute Lebenszeit für den, der handelt auf ihrem Wasser,
der (ihre) Planungen aufnimmt in sein Herz,
der ihrem Weg folgt im Innern ihres Ortes,
dass ihm der Westen zugewiesen sei.

Von dem Wächter an der Stätte der Wahrheit im Westen von Theben,
Penbui, gerechtfertigt.

Die in neun senkrechten Hieroglyphenzeilen in die untere Hälfte der Stele (Abb. 27) geritzte Inschrift ist durch die Einleitungsformel „Lobpreis geben" als Hymnus ausgewiesen. Da der Wortlaut mit heiligen Schriftzeichen für

Abb. 27: Die Stele des Penbui

einen sakralen Aufstellungsort aufgezeichnet ist, bewirkte er nach ägyptischem Verständnis, dass die Worte nicht nur auf dem Papier, d.h. dem Stein, standen, sondern Realität besaßen und von ihrem Sprecher in Zeit und Ewigkeit rezitiert wurden.

43

Als Adressatin wird die Göttin Hathor genannt und durch mehrere Epitheta charakterisiert: Sie ist die Hauptgöttin von Theben und mit „den beiden Ufern des Horus" gebietet sie über das ganze Ägypten. Außerdem ist sie Herrin über den Himmel und die Gesamtheit der Götter und steht, was ihre Einzigartigkeit ausmacht, dem Sonnengott Re so nahe wie sein Augapfel.

Vor einer Gottheit mit derart universalen Dimensionen muss der Mensch in die Knie gehen. Er wagt es aber zugleich, ihr seine Wünsche anzuvertrauen, und so wird die Anbetung zum Bittgebet. Allerdings wird die Göttin dabei nicht unmittelbar angeredet, sondern der Beter trägt ihr seine Bitten ebenso indirekt vor wie zuvor die Lobsprüche, indem er sie in der dritten Person formuliert. Auch sie sind universal, denn sie umfassen nicht weniger als sein gesamtes Schicksal im Leben und im Tod. Er hofft, sagt der Fromme, sie möge ihm ein gutes, vollkommenes, erfülltes Leben gewähren und ihn den Westen, d. h. das Totenreich, erreichen lassen. Das kann durch ein ordnungsgemäß vollzogenes Begräbnis oder ein wohl ausgestattetes Grab in der Totenstadt Theben-West geschehen, erfordert aber auch, dass er das Totengericht als Schwelle zu einer endgültigen Existenz in den Gefilden der Seligen besteht.

Der Bittsteller kommt nicht mit leeren Händen. Zum Zeichen, dass er der Gottheit würdig ist, rühmt er seine Treue zu ihr mit drei Epitheta, die auf seine Person bezogen sind. Obwohl er sich selber meint, spricht er auch hier wie von einem anderen. „Der auf ihrem Wasser handelt" heißt: Der ihr ergeben ist, und „Der ihre Planungen in sein Herz aufnimmt" bedeutet: Der ihren Willen beherzigt. „Der ihrem Weg im Innern ihres Ortes folgt" kennzeichnet ihn als Gefolgsmann der Göttin, auch wenn unklar ist, ob hier mehr an eine physische Bewegung, etwa bei Prozessionen, gedacht ist oder an ideelle Anhängerschaft innerhalb der Göttervielfalt seiner Gemeinde oder vielleicht an beides.

Das kleine Gebet ist sorgfältig gestaltet. Nach den Regeln altägyptischer Metrik besteht es aus zwei Strophen zu je vier Versen mit jeweils zwei Hebungen. In der ersten schließen sich an den Titel, der Handlung und Inhalt benennt, die Lobesworte für Hathor an, in der zweiten stehen zwei Wunschsätze am Anfang und am Ende und zwischen ihnen die drei Ergebenheitsepitheta. Nahezu alle Formulierungen sind Formeln: Dieselben Hoffnungen auf Heil in dieser und jener Welt sind auch von anderen Personen geäußert worden. Die Epitheta, die Hathor charakterisieren, gibt es auch bei anderen Göttinnen und gottergebenes Verhalten von Menschen wird häufig mit den gleichen oder ähnlichen Worten beschrieben. Dennoch ist jedes Gebet ein Original, weil die Bausteine immer anders ausgewählt und kombiniert worden sind.

Erst die abschließenden Zeilen führen den Sprecher ein und geben Auskunft über seine Person. Penbui, der „Wächter an der Stätte der Wahrheit im Westen von Theben" lebte in Deir el-Medina, war aber weder Steinarbeiter noch Künstler, sondern verwaltete Arbeitskleidung und Handwerkszeug der Arbeitstrupps sowie die kostbaren Materialien, mit denen sie die Grabwände dekorierten. Somit bekleidete er eine verantwortungsvolle Stellung und gehörte zur lokalen Beamtenelite.

Als Bürger dieser am besten erforschten Siedlung des pharaonischen Ägypten ist Penbui kein Unbekannter. Er selbst und seine Angehörigen sind aus weit mehr als 50 Zeugnissen bekannt, aus denen hervorgeht, dass er zur Zeit der 19. Dynastie, unter Ramses II., lebte. Das seinem Namen hinzugesetzte Attribut „gerechtfertigt" bedeutet nicht, dass er schon gestorben wäre, als er die Stele errichten ließ, sondern schreibt seine ewige Seligkeit im Vorgriff fest.

Allerdings ist die Inschrift nicht alles. Sie füllt den Votivstein nur etwa zur Hälfte aus, der andere Teil wird von bildlichen Darstellungen eingenommen. Am unteren rechten Ende der Schriftfläche kniet eine Mann mit betend erhobenen Händen, das rechte Bein aufgesetzt, das linke Knie auf dem Boden; nach althergebrachtem Kanon sind Kopf und Unterleib im Profil, Schultergürtel und Oberkörper in Vorderansicht wiedergegeben. Es ist Penbui, wie sein Gebetsgestus und die in seiner Blickrichtung orientierten Schriftzeichen beweisen.

Eine ursprünglich grüne Binsenmatte, die den sakralen Ort anzeigt, trennt die untere von der oberen Zone. Hier steht eine im Profil gezeichnete, nach rechts gewendete Kuh mit überlang ausgezogenem Rumpf in einem Gefilde von Papyrusstauden, deren Stängel gegen die Natur mit kleinen Blättchen besetzt sind und aus spitzen Scheidblättchen emporwachsen. Der heute weggebrochene Kopfputz des Tieres kann nach Parallelen als lyraförmiges Gehörn ergänzt werden, das von einer Sonnenscheibe ausgefüllt wurde; sie war mit einer sich aufbäumenden Kobra geschmückt und von zwei gegenständigen Straußenfedern überragt, deren obere Enden buschig nach außen fallen. Diese Merkmale genügten, um das heilige Rind als Hathorkuh zu kennzeichnen. Das Papyrusdickicht spielt nicht nur auf die bevorzugte Kultpflanze der Göttin an, sondern zugleich auf ihren Mythos. Die Mutter des Horus – das besagt ihr Name Hathor = „Haus des Horus" – hatte ihr Kind heimlich in den Papyrussümpfen des Nildeltas aufgezogen, um es vor den Verfolgungen seiner Feinde zu beschützen und schließlich als König den Thron besteigen zu lassen.

Die Gestalt, die unter dem Kopf der Hathor kniet, ist anhand des gestreiften Kopftuchs, des Zeremonialbarts, des Schmuckgehänges am Gürtel und der Geißel in ihrer rechten Hand als König zu erkennen. Sie nimmt hier die Position des Horus ein, die jedem Pharao als irdischer Verkörperung des Gottes seit seiner Krönung zukam.

Bereits die Herrscher der vorhergehenden 18. Dynastie hatten einen neuen Statuentyp für das uralte Königsdogma entwickelt, bei dem der Pharao in Kindsgestalt am Euter der Hathorkuh saugt und gleichzeitig als Erwachsener unter ihrem Kopf steht. Oft, so auch bei Penbui, werden seine Schultern von den Ketten ihres Halsschmucks, des Menit, umfangen; ein Gegengewicht auf dem Rücken des Tieres gleicht die Schwere der vielen Perlenschnüre aus, die dem königlichen Schützling Leben und Herrschaft vermittelten. Für den Hathorkult von Deir el-Medina war dieser Statuentyp insofern verändert worden, als das Bild des gesäugten Königs wegfiel. Die Figur unter dem Haupt der Kuhgöttin aber blieb und wurde zugleich mit ihr verehrt. Hier war es Ramses II., der sich nicht nur, wie seine Vorgänger, in den großen Staatstempeln zusammen mit der Göttin wie ein Gott anbeten ließ, sondern auch in diesem Lokalheiligtum. Die Reste der Namenskartusche vor dem knienden König der Leipziger Stele lassen seinen Thronnamen erkennen, und aus Penbuis Lebensdaten geht hervor, dass er nicht dem verstorbenen und daher bereits vergotteten Pharao, sondern seinem regierenden Dienstherrn göttliche Ehren erwies. Allerdings hat Penbui das Vorbild seiner heimischen Tempelstatue verändert, indem er ihr anstelle der stehenden Königsfigur den Herrscher in kniender Position gleichsam unterschob, um seine Lebendigkeit zu unterstreichen. Eine solche Huldigung entsprach den Bestrebungen Ramses' II., sich bereits zu Lebzeiten im offiziellen Tempelkult von den Priestern als Gott feiern zu lassen, aber gleichzeitig Gegenstand der Frömmigkeit seiner Untertanen zu werden.

Von alledem ist in Penbuis Gebet zu der Göttin nichts zu vernehmen. Zwischen Bild und Text klafft eine Differenz. Das Bild vermittelt mit der Gestalt der Kuh Wesenszüge der Hathor als Leben und Segen spendende Muttergottheit. Mit dem Papyrus spielt es auf den Mythos des Horus an, mit der Königsgestalt bestätigt es den amtierenden Pharao in seiner Rolle als irdischer Vertreter dieses Gottes. Unabhängig von Person und angebeteter Gottheit entspricht die Beterfigur unten dem gängigen Typus.

Auch die Inschrift charakterisiert die Göttin, jedoch als Herrscherin über Erde und Himmel, als die sie auch unabhängig von ihrer tierischen Erscheinungsform verehrt werden konnte. Ihre Macht sollte dem Beter zu Lebzeiten und im Tod zu Gute kommen, aber ihre Mütterlichkeit blieb dem König vorbehalten. Penbui selbst wird durch Namen, Beruf und Herkunftsort und mit seiner persönlichen Treue zu ihr als Individuum vorgestellt.

Vermutlich war der Votivstein für den Tempel bestimmt, in dem das Bild der Hathorkuh stand, das er wiedergibt und abwandelt. Von Ramses II. gestiftet, war hier der Kult der Göttin mit dem des Herrschers verbunden. Es ist daher wenig wahrscheinlich, dass die Differenz zwischen dem Bild oben und dem Text unten auf dem Gegensatz zwischen Staatsräson und individueller Frömmigkeit beruht. Vielmehr ergänzen die Aussagen einander. Das Bild besagt, dass sich Penbui an die Göttin Hathor in der Form wandte, die er an seinem Heimatort vorfand. Das schloss die Anbetung des regierenden Königs ein und war Teil seiner religiösen Praxis. Zwischen Göttern und Menschen vermittelnd, garantierte dieser wie jeder Pharao den Bestand der Weltordnung und somit auch die Lebenswelt des Beamten.

Ein „Ramses, der die Bitten erhört" wie die Statue, für die im Tempel von Karnak eigens ein Kult zelebriert wurde, war dieser König für Penbui nicht. Bestimmend für seine Existenz im Diesseits wie im Jenseits und Adressat seiner Wünsche blieb allein die Göttin.

Bild- und Textaussage der Stele sind, je für sich genommen, sinnvoll. Zusammen gesehen, fügen sie sich zu einem höheren Ganzen, in dem sich die differenzierte Religiosität des Stifters widerspiegelt.

E. B.

„Gegrüsst seist du, Horus, hervorgekommen aus Osiris, geboren von der Göttin Isis!"

Horus-Stele und -Statue

Inv.-Nr.:	1034
Material:	Speckstein
Maße:	Höhe: 12,3 cm, Breite: 6,3 cm; Tiefe: 3,2 cm
Fundort:	unbekannt
Erwerbung:	unbekannt
Datierung:	späte Ptolemäerzeit (2.–1. Jahrhundert v. Chr.)

Die gewöhnlich unter dem Namen „Horus-auf-Krokodilen" laufenden Stelen eignen sich hervorragend zur Illustration der altägyptischen Kunstfertigkeit, altbekannte Bildmotive in neue visuelle und kontextuelle Rahmen einzubauen. Das Endprodukt dieses Prozesses, auch bekannt als Horus-*cippus*, Horus-Stele oder Horus-Statue, ist nicht nur optisch beeindruckend. Es ist zugleich ein machtgeladener und in sich stimmiger Ausdruck medizin-magischen und religiösen Denkens. Auch wenn es zahllose Beispiele dieser Statuen über viele Museen der Welt verstreut gibt, so sind sie dennoch außergewöhnlich im Hinblick auf ihre künstlerische und religiöse Entwicklung in der Spätphase der altägyptischen Geschichte (besonders der Ptolemäer- und Römerzeit).

Das Leipziger Stück (Abb. 28-33) zeigt alle wesentlichen Charakteristika dieser Objektgattung. Das prominenteste Element auf der Vorderseite der Stele ist die Figur des Horus-als-Kind in Vorderansicht. Gewöhnlich steht Horus nackt da, eine Seitenlocke markiert seine Jugend, ergänzt um eine Uräus-Schlange an seinem Scheitel. Wichtiger aber noch sind seine Körperhaltung, sein Stehen auf Krokodilen und die diversen Tiere in seinen Händen. Diese gebändigten Kreaturen stehen für die Mächte des Chaos: Der Löwe, die Oryxantilope, ein Skorpionenpaar und Schlangen. Der Leipziger

Abb. 28: Der Horus-*cippus* ÄMUL 1034 (Vorderseite)   Abb. 29: Der Horus-*cippus* ÄMUL 1034 (Rückseite)

Abb. 30: Der Horus-*cippus* ÄMUL 1034 (Draufsicht)   Abb. 31: Der Horus-*cippus* ÄMUL 1034
(Sicht von unten)

cippus (wörtl. „Spitzpfahl" und ursprünglich eine Bezeichnung etruskischer Grabstelen, dann auf ägyptische Objekte hier beschriebener Art übertragen) zeigt zusätzlich noch an den Schmalseiten je eine von Horus gekrönte Papyrusstandarte.

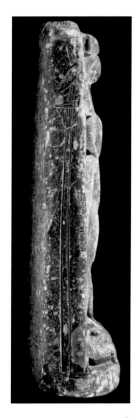

Abb. 32: Der Horus-*cippus* ÄMUL 1034
(li. Seitenansicht)

Abb. 33: Der Horus-*cippus* ÄMUL 1034
(re. Seitenansicht)

Die über dem Kopf des Gottes platzierte löwenartige Maske gehört dem Schutzgeist Bes, der hier als Gegenstück zum jugendlichen Horus erscheint. Beide sind durch das Prinzip der zyklischen Erneuerung oder Verjüngung dergestalt miteinander verbunden, dass der „alte Mann" (Bes) wieder jung wird (Horus-das-Kind). Infolge seiner solaren Bezüge wird Bes von einem Pavianpaar mit erhobenen Vorderpfoten verehrt. Das natürliche Vorbild hierfür sind die bei Sonnenaufgang ein lautes Geschrei anstimmenden Affen. Das bildliche Arrangement mit dem über chaotische Mächte triumphierenden Horus geht motivgeschichtlich auf uralte textliche wie bildliche Vorläufer zurück. Die Figur dieses Gottes als dem prominenten Element der Gesamtkomposition fügt sich bestens in den Kanon altägyptischer Kunst. Zusammenfassend wird so ein dreiteiliges Arrangement erkennbar mit dem größten und triumphierenden Bild im Zentrum, den bezwungenen feindlichen Mächten darunter, und Mitgliedern der himmlischen Sphäre im obersten Register.

Die frühesten Exemplare solcher Stelen mit rundplastischem Horus-auf-Krokodilen lassen sich auf die Ramessidenzeit zurückführen. Größe und Materialien sind sehr variabel, je nach den Wünschen ihrer Stifter, die sie in Auftrag gaben oder käuflich erwarben. Sie rangieren von tragbaren Miniaturamuletten bis hin zu monumentalen Formen, was für ihre Beliebtheit und Verbreitung spricht. Das größte Exemplar ist die nach ihrem Erstbesitzer benannte Metternichstele in New York mit einer Höhe von 83,5 cm aus der Zeit zwischen 360 und 343 v. Chr. Gewöhnlich sind diese Objekte aber erheblich kleiner (bis 30 cm). Solche von mittlerer Höhe liegen zwischen 10 und 15 cm, wozu das Leipziger Exemplar gehört. Eine Bohrung oberhalb von Bes' Kopfputz lässt darauf schließen, dass es an irgendeiner Vorrichtung aufgehängt werden sollte. Interessanterweise wurden einige solcher Stelen in größere private Statuen integriert. Bis auf wenige Stücke verfügen die meisten *cippi* mit Horus-auf-Krokodilen über keinen archäologischen Kontext. Die wenigen Ausnahmen wurden in Gräbern und Häusern gefunden. Ihr eigentlicher Aufstellungsort befand sich als *ex-votos* oder „fromme Stiftungen" in Tempeln. Der Großteil scheint dabei aus dem Norden Ägyptens zu stammen. Über die Herkunft des Leipziger Stücks ist nur sehr wenig bekannt, aufgrund einer kombinierten Analyse von darstellerischen und textlichen Kriterien kann sie jedoch auf den Zeitraum der letzten Jahrhunderte vor der Zeitenwende datiert werden.

Die Rückseite dieser Stele ist klar in drei Register geteilt. Das oberste zeigt eine Darstellung der Isis, wie sie ihren Sohn Horus in den Marschen von Chemmis im Nildelta stillt. Das ist das bekannte *Isis lactans*-Motiv, das im frühen Christentum in die Gruppe der *Maria lactans* übernommen wurde. Je eine Kobra zu beiden Seiten des „Papyrusnestes" handelt als Schutzgenie. Das Bild der Göttin mit dem Knaben hat geradezu den Rang einer Ikone. Während der späten Phasen der altägyptischen Geschichte, um die Zeitenwende herum, fand die Herstellung solcher Darstellungen in verschiedenen Bildmedien, wie z. B. in Statuen, Amuletten oder Tempeldekorationen, immer weitere Verbreitung. Das Motiv vergegenwärtigt den mythischen Moment, als sie ihren Sohn in den Deltamarschen vor den Nachstellungen ihres Bruders Seth zu verbergen suchte. Nach dem Mythos hatte dieser seinen Bruder (und Gatten der Isis) Osiris in eine Falle gelockt und getötet, um nach ihm das Amt des Königs über Ägypten zu erlangen. Nach einiger Mühe gelang es Isis, den Leichnam ihres Gemahls zu finden. Unter Einsatz ihrer Zauberkraft konnte sie ihn zumindest noch so lange wiederbeleben, um ihren Sohn zu empfangen. Nach dessen Geburt versteckte sie das Kind auf einer Insel bei Chemmis, bis er alt und stark genug war, gegen seinen Onkel zu kämpfen und den Tod seines Vaters zu rächen.

Zahlreiche Texte berichten von den Gefahren, die der Knabe während dieser Zeit durchlief. Eine Passage auf dem Papyrus Chester Beatty VII z. B. erzählt davon, wie Isis ihren Sohn von einem Skorpionstich errettete. Die schon genannte Metternich-Stele liefert einen anderen Auszug aus dieser Geschichte, als die Göttin davon erfuhr, dass Horus gestochen worden sei und wie sie ihm zu Hilfe eilte. Mittels ihrer Zauberkraft und der Unterstützung durch Thot und Re (sowie anderer Götter) wurde Horus schließlich geheilt. Das göttliche Kind ging siegreich aus den Gefahren durch Krankheit und Tod hervor, und die Macht dieser mythischen Episode sollte nun jedermann erlauben, über seine bzw. ihre eigene Gleichsetzung mit Horus-das-Kind Heilung in solchen Fällen zu erlangen.

Zweck und Funktion dieser Stelen basierten nicht nur auf Texten, die den „Patienten" (d. h. die sich im Einzelfall mit Horus-das-Kind identifizierende Person) dazu anhielten, bestimmte Sprüche und Teile aus den Inschriften gewissermaßen nachzuleben. Daneben ist bekannt, auf welche Weise diese *cippi* benutzt wurden. Gemäß traditioneller ägyptischer Zauberpraxis wurde Wasser über diese Objekte gegossen, das dadurch die Wirkmacht der Texte und Bilder absorbierte, und anschließend dem Patienten zu trinken verabreicht wurde. Dies erklärt, warum manche dieser Stelen über ein Bassin gestellt wurden, in dem die ausgegossene Flüssigkeit aufgefangen werden konnte. Alternativ dazu und je nach Größe konnten die Objekte auch selbst in Wasser getaucht werden.

Die ägyptische medizin-magische Praxis umfasste eine komplexe Kombination von manuellen und verbalen Handlungen, die zusammen umfassende Heilungs- und Schutzmaßnahmen gegen Krankheit und drohende Mächte darstellten. Zusätzlich zu dem über Jahrhunderte angesammeltem empirischen Wissen in Sachen Medizin verließen sich die Ägypter auf eine der wichtigsten ihnen verfügbaren Ressourcen: „Magie", oder in ägyptischem Vokabular *Heka*. Nach ihrer Weltanschauung war Heka eine wahrhaft ursprüngliche kosmische Potenz, die bei der Schöpfung, nach anderer Tradition sogar noch vor der Schöpfung selbst, in die Welt kam. Es war eine kreative Macht, die von Göttern wie Eingeweihten instrumentalisiert werden konnte, um mythische Vorgänge zu kreieren (oder gar zu rekreieren), die ein Gleichgewicht im Kosmos bewirkten. Durch die Anwendung von Heka konnten ägyptische Heiler und Priester Schutz vor Göttern verschaffen, die Vernichtung von Feinden sowie die Wiederherstellung der gesundheitlichen Balance im Körper ihrer Patienten bewirken. Zaubersprüche waren Teil eines Textkompendiums, das dem Kampf gegen Krankheiten nicht nur auf irdischer, sondern auch auf kosmischer Ebene diente.

Unterhalb des Bildes der *Isis lactans* beginnt ein Zauberspruch in zwei Zeilen, den acht darunter geschriebene Kolumnen fortsetzen. Ihren Abschluss findet die Beschwörung in einer weiteren Horizontalzeile an der Stelenbasis und schließlich auf der Unterseite des Stückes:

Gegrüßt seist du, Gott, Sohn eines Gottes!
Gegrüßt seist du, Erbe, Sohn eines Erben!
Gegrüßt seist du, Stier, Sohn eines Stieres,
geboren von der göttlichen Kuh!
Gegrüßt seist du, Horus, der hervorgekommen ist
aus Osiris, geboren von der Göttin Isis!

Ich habe in deinem Namen gesprochen.
Ich habe mit deinem Zauber rezitiert.
Ich habe mit deinen Zaubersprüchen gesprochen, die ich für dich kreiert habe
(eigentlich „die du mit deinem Herzen erschaffen hast"),
die man findet in meinem Munde,
die dir (dein) Großvater Geb anvertraut hat,
die dir deine Großmutter Nut komponiert hat,
die dich die Majestät des Ersten von Letopolis gelehrt hat,
um deinen magischen Schutz zu bewirken,
um deine (Prophylaxe) zu erneuern,
um zu versiegeln das Maul aller Reptilien,
die im Himmel, auf Erden und im Wasser sind,
um die Menschen am Leben zu erhalten,
um die Götter zu besänftigen,
um den Sonnengott Re zu verklären mit deinen Hymnen.
Komm' (zu) mir eilig, komm' (zu) mir eilig, noch heute,
wie es schon für dich getan hat die Majestät dessen, der das Steuerruder betä-
tigt (= Thot).
Mögest Du mir abwehren alle Krokodile auf dem Wasser,
alle Löwen in der Steppe, alle beißenden Mäuler.

M. A. G. (aus dem Englischen von H.-W. F.-E.)

Die Ptah-Sokar-Osiris Statuetten des Ägyptischen Museums der Universität Leipzig - Georg Steindorff -

Nahezu alle öffentlichen und privaten Sammlungen und Museen mit ägyptischen Kunstobjekten besitzen bemalte, mumienförmige Holzstatuetten
des Gottes Ptah-Sokar-Osiris. So auch das Ägyptische Museum der Universität Leipzig, das in seiner aktuellen Ausstellung drei dieser Objekte zeigt.
    In den Fokus der Forschung rückten die Ptah-Sokar-Osiris Statuetten
bereits zu Beginn des 19. Jahrhunderts n. Chr. So fanden sie schon in den
Aufzeichnungen J. F. Champollions, dem Entzifferer der Hieroglyphen, Er-
wähnung. Eine erste vergleichende Analyse durch den niederländischen
Ägyptologen M. J. Raven erfolgte erst 150 Jahre später. Die von ihm erar-
beitete Typologie stellt bis heute eine fundierte Ausgangsbasis für die Bearbeitung derartiger Objekte dar. Trotz intensiver Forschung ist die Deutung
dieser Objektgattung heute noch nicht vollständig geklärt.
    Ptah-Sokar-Osiris Figuren setzen sich aus insgesamt drei hölzernen Ele-
menten zusammen, die durch Zapfen miteinander verbunden sind: Die

rundplastische Darstellung der Gottheit Ptah-Sokar-Osiris, die rechteckige Basis sowie die Kompositkrone. Charakteristisch für diese Art der Standfiguren ist ein rechteckiger, mit einem Deckel zu verschließender Hohlraum in der Basis. Dieser soll nach der gängigen Auffassung der Deponierung sogenannter Kornmumien gedient haben. Dies sind für gewöhnlich menschenartige Figuren, die aus einem Erde-Getreide-Gemisch gefertigt wurden. Hergestellt wurden sie im Rahmen des Choiakfestes, einem der wichtigsten altägyptischen Totenfeste, und dann zeremoniell bestattet. Durch das folgende Aufkeimen dienten sie symbolhaft der Erneuerung bzw. der Wiederbelebung des Gottes Osiris. Da die meisten Ptah-Sokar-Osiris Statuetten ihrer Inhalte bereits beraubt und die wenig erhaltenen Füllungen z. T. sehr schlecht erhalten sind, ist eine eindeutige Identifikation als Kornmumie dennoch nur schwer möglich.

Der altägyptische Gott Ptah-Sokar-Osiris ist bereits seit dem Mittleren Reich bekannt, wie Denksteine belegen. Seit der Spätzeit bilden die ihn darstellenden Statuetten ein charakteristisches Element der Grabbeigaben. In der Figur vereinigen sich Ptah, Sokar und Osiris, wie der Name bereits erkennen lässt. Diese Verschmelzung von Gottheiten ist im Alten Ägypten eine gängige Praxis, die in der Wissenschaft als „Synkretismus" bezeichnet wird. Im Fall des Ptah-Sokar-Osiris verbinden sich die Schöpferfunktion von Ptah und die Schutzfunktion von Sokar mit der Regenerationsfähigkeit des Osiris. Damit ist seine Funktion eindeutig definiert, die in der Sicherung der Wiederauferstehung des Verstorbenen liegt.

In welcher Form die Statuetten in funerären Zeremonien Eingang fanden, kann auf Grund der zumeist ungenauen Kenntnis der Fundumstände nur erahnt werden. Einige bildliche Darstellungen zeigen ihren Gebrauch in rituellen Handlungen, die im Rahmen des Totengeleits zu Ehren der Verstorbenen zu erwarten waren. Diese fanden vermutlich im Grab selbst bzw. an der Balsamierungsstätte statt. Weitere Hinweise gibt das sogenannte Sokarfest. Laut der schriftlichen Überlieferungen wurden im Rahmen dieses Totenfestes ebenfalls Figuren angefertigt, die den Kornmumien sehr ähnelten. Trotz des Fehlens von Getreidekörnern im Kern dieser sogenannten Sokarfiguren erscheint es auf Grund einiger Indizien für möglich, dass es sich bei den Inhalten der Ptah-Sokar-Osiris Statuetten um diese Objekte handeln könnte. Eine eindeutige Bestimmung ist vermutlich erst mit Hilfe neuer Befunde möglich.

Die Figuren unterlagen über ihren langen Verwendungszeitraum unterschiedlichen Einflüssen, die sich vor allem in der gestalterischen Umsetzung niederschlugen, wodurch eine zeitliche Einordnung möglich ist. Ein kontinuierliches Element bilden dagegen die Inschriften, die in Form von Bändern auf der Figur bzw. auf der Basis der Statuette aufgebracht wurden. Diese Texte sind unverzichtbar, da erst durch sie eine Wirksamkeit gewährleistet ist. Dabei sind die Nennung des Namens sowie Titel- und Filiationsangaben des Verstorbenen von größter Wichtigkeit, denn nur so kann die magische Wirkung der Standfigur auf diesen entfalten werden.

Diese Praxis wurde bei den unterschiedlichsten Objekten angewandt. Die Inschriften bestehen aus schwarzen Schriftzeichen, die auf einen gelben Grund aufgebracht und durch blaue Bänder eingerahmt sind. Neben der üblichen Beschriftung in (kursiven) Hieroglyphen ist bislang nur ein Exemplar mit einer demotischen Inschrift bekannt, die sich heute im Ägyptischen Museum Berlin befindet. Die auf den Ptah-Sokar-Osiris Statuetten niedergeschriebenen Texte konnten durch Raven in sieben miteinander kombinierbare Textgruppen unterteilt werden. Heute sind die Passagen mit den Personenangaben, die für gewöhnlich am Ende des Inschriftenbandes angebracht wurden, häufig schlecht erhalten oder zerstört. Daneben zählen Rezitationsvermerke, Anrufungen des Toten und die sogenannte Opferformel zu den häufigsten Texten. Bei diesen handelt es sich um standardisierte Phrasen, die neben den Ptah-Sokar-Osiris Statuetten auf den unterschiedlichsten Textträgern zu finden sind. Dagegen scheint ein gesonderter Hymnus nur für die Standfiguren vorgesehen gewesen zu sein. Dieser lediglich in Auszügen niedergeschriebene Text ist bloß durch eine kleine Anzahl von Statuetten belegt, illustriert das Begehren des Wiederauflebens nach dem Tode und untermauert damit die Funktion der Figuren.

Die drei Ptah-Sokar-Osiris Figuren des Ägyptischen Museums der Universität Leipzig reihen sich in das große Korpus dieser Objekte ein. Dennoch unterscheiden sie sich in einigen Punkten, die im Folgenden gezeigt werden:

1. Ptah-Sokar-Osiris Statuette (Abb. 34)

Inv.-Nr.:	1498
Material:	Holz
Maße:	Höhe: 54,8 cm; Breite: 12,6 cm; Tiefe: 29 cm
Fundort:	Abusir el-Meleq
Erwerbung:	Geschenk der Deutschen Orient Gesellschaft 1906
Datierung:	vermutlich 25./26. Dynastie

Die sehr aufwendig gestaltete Figur ist bis auf die Krone vollständig erhalten und besticht durch ihre Farbigkeit. Neben dem goldenen Gesicht fällt vor allem der Halskragen ins Auge. Der schlanke Körper ist in ein rotes Gewand gehüllt und durch eine Zapfenverbindung auf der Basis fixiert, die ein seltenes Wellendekor zeigt. Das Fehlen eines Hohlraums ist verwunderlich, da dieser bekanntlich ein wesentliches Merkmal der Ptah-Sokar-Osiris Statuetten bildet. Dieses Phänomen konnte bereits beobachtet werden, scheint aber dennoch eher eine Ausnahme zu sein. Eine Inschrift befindet sich auf der Vorderseite der Figur und ist als ein vertikales Band gestaltet. Neben der Opferformel nennt sie typische Epitheta des Gottes Osiris und bezieht sich damit eindeutig auf einen funerären Kontext. Ihr Ende ist zerstört:

Ein Opfer, das der König und Osiris, der Erste der Westlichen, der große Gott, der Herrn von [...] geben:
[...].

Name und Titel des Empfängers, die sich üblicherweise an die Opferformel anschließen, sind nicht erhalten. Vielmehr scheint es fraglich, ob auf Grund der begrenzten Platzverhältnisse am Ende des Inschriftenbandes derartige Angaben überhaupt auf der Statuette vermerkt werden konnten. Wie bereits erwähnt, bilden diese aber ein unverzichtbares Element und dürfen nicht fehlen. Warum dies hier vermutlich dennoch der Fall ist, kann bislang nicht geklärt werden.

Abb. 34: Die Ptah-Sokar-Osiris-Statuette 1498

2. Ptah-Sokar-Osiris Statuette
(Abb. 35)

Inv.-Nr.:	1606
Material:	Holz
Maße:	Höhe: 69,8 cm; Breite: 21,4 cm; Tiefe: 33,4 cm
Fundort:	vermutlich aus el-Hibe (angegebener Fundort bei Kauf)
Erwerbung:	1912 in Kafr el-Haram
Datierung:	25. Dynastie (8.–7. Jahrhundert v. Chr.)

Auffälligstes Merkmal der mumienförmigen Ptah-Sokar-Osiris Statuette
des Hekeri ist ihre Farbigkeit, die trotz
eines massiven Schädlingsbefalls bis
heute nicht an Intensität verloren hat.
Der schlanke Körper der Figur ist in ein
rotbraunes Gewand gehüllt, mit der ty-
pischen Krone und einem klassischen
Halskragen geschmückt. Das Objekt ist
nicht vollständig erhalten. Neben dem
Bart fehlt die Abdeckung für den seit-
lich in die Basis eingearbeiteten Hohlraum. Wie diese Letzteren verschlossen
hat, kann heute nicht mehr rekonstru-
iert werden. Die zusätzliche seitliche
Konterung stellt eine Besonderheit für
Ptah-Sokar-Osiris Statuette dar. Sie
diente der zusätzlichen Fixierung der
Figur auf der Basis. Von großem Interesse ist die vollständige Inschrift, die in
Form eines vertikalen Inschriftenbandes
auf die Figur aufgebracht ist:

> Ein Opfer, das der König und Osiris, der
> Erste der Westlichen, der große Gott, der
> Herrn von Rosetau geben:
> Er möge geben ein schönes Begräbnis
> dem Osiris des Hekeri, gerechtfertigt,
> (geboren) von Tafiut, gerechtfertigt.

Abb. 35: Die Ptah-Sokar-Osiris-Statuette
ÄMUL 1606

Auch diese Inschrift wird mit der gängigen Opferformeleinleitung begonnen, worauf die Bitte um ein schönes Begräbnis folgt und damit den funerären Charakter der Statuette unterstreicht. Bei dem Adressaten handelt es sich um Hekeri, der durch das nachfolgende „gerechtfertigt" als verstorben gekennzeichnet ist. Am Ende der Inschrift erscheint ein zweiter Name, Tafiut („Seine Hündin"), bei dem es sich um den der Mutter handelt.

3. Ptah-Sokar-Osiris Statuette (Abb. 36-37)

Inv.-Nr.:	7471
Material:	Holz
Maße:	Höhe: 63,3 cm; Breite: 21,5 cm; Tiefe: 28 cm
Fundort:	unbekannt
Erwerbung:	unbekannt
Datierung:	26. Dynastie (7.–6. Jahrhundert v. Chr.)

Diese Statuette besticht nicht wie die beiden vorangegangenen durch Feinheit und Farbpracht. Der eher kräftige und gedrungene Körper ist lediglich mit einem hellen, eng anliegenden Gewand bekleidet. Neben einem schlichten Halskragen trägt sie eine vereinfachte Krone mit Doppelfeder und Widdergehörn. Aufgrund der weißen Farbgebung stellt das Objekt eine Rarität dar, denn nur einige wenige Vergleichsbeispiele sind bislang bekannt. Trotz des schlechten Erhaltungszustandes der Standfigur lassen sich auf der Vorder- und Rückseite des Körpers Reste von vertikalen Inschriftenbändern erkennen, die wie folgt lauten:

Vorderseite:
Ein Opfer, das der König und Osiris [...] geben: [...]

Rückseite:
Worte zu sprechen durch Osiris zu [...]

Neben der bereits auf den beiden vorherigeren Statuetten befindlichen Einleitung der Opferformel hat diese auf ihrem Rückenpfeiler einen Rezitationsvermerk.

Ptah-Sokar-Osiris Statuetten sind eine außergewöhnliche Objektgattung, die bis heute einen Gegenstand der Forschung bildet. Durch die fortwährenden Grabungen und Veröffentlichungen von Museumsbeständen wächst ihr Bestand immer weiter. Auch wenn die Leipziger Exemplare ihrer Inhalte beraubt sind, veranschaulichen sie noch heute eindrücklich die Variationsbreite diese Denkmälergruppe.

S. M.

Abb. 36: Die Ptah-Sokar-Osiris-Statuette
ÄMUL 7471 (Vorderseite)

Abb. 37: Die Ptah-Sokar-Osiris-Statuette
ÄMUL 7471 (Rückseite)

„Mache den Weg für mich!"

Fragment einer hieratischen Mumienbinde der Ptolemäerzeit
mit Totenbuchspruch 146 und 147

Inv.-Nr.:   7868
Material: einfache Leinwandbindung mit enger Fadenkreuzung
Maße: Höhe: ca. 14 cm; Länge: ca. 49 cm
Fundort: unbekannt, möglicherweise Memphis/Saqqara
Erwerbung: 1971 als Geschenk vom Heimatmuseum Schmalkalden
Datierung: Ptolemäerzeit (4.–3. Jahrhundert v. Chr.)

Abb. 38: Die hieratische beschriftete Mumienbinde

Die Leipziger Sammlung besitzt zahlreiche Mumienbinden aus Leinen, von
denen sich das hier vorgestellte Stück durch eine hieratische Beschriftung
mit Bildfeldern hervorhebt (Abb. 38). Es gehört zu einer Mumienbinde der
Ptolemäerzeit, von der sich fünf weitere Fragmente im Marischal Museum
der Universität von Aberdeen und ein anderes im Museum of Fine Arts in
Boston befinden. Der Name der Besitzerin lautet Wedja-Schu („Wohl des
Schu"), Tochter der Iret-ru („Das Auge ist auf sie (gerichtet)"). Das Mumienbindenfragment ist, von einigen Fehlstellen abgesehen, in gutem Zustand.
Fünf unterschiedlich breite Kolumnen (= Kol.) sind vollständig erhalten, die
zwei Totenbuchkapitel (Tb 146 und 147) aus den sogenannten „Torsprü-
chen" wiedergeben. Der Text wurde in einer einfachen hieratischen Schrift
mit schwarzer Rußtinte mittels einer Binse aufgebracht. Oberhalb der ersten
drei sowie der letzten Kolumne befinden sich Vignetten (Bildfelder), deren
Figuren ohne farbige Fassung in Strichzeichnung auf einer Standlinie ausgeführt sind. Sie wurden mit einer dünneren Binse als der Text gezeichnet. Die
folgende Beschreibung der Bildfelder und die Übersetzung der Inschriften
erfolgt in der Leserichtung von rechts nach links:

Kol. I: Ein quadratischer Torbau wird von zwei knienden nackten Personen bekrönt, die jeweils zwei Zepter in den Händen halten. Im Inneren befindet sich ein nilpferdköpfiger Wächterdämon in Mumiengestalt mit einem Messer. In dem darunter stehenden Text (Tb 146) heißt es:

13. Pforte: Die, über die Isis ihre Arme geführt hat, die Hapi erleuchtet in seiner Verborgenheit. Sie ist unter der Kontrolle dessen, der den Müden verhüllt.

Kol. II: Auf dem Torgebäude befinden sich ein Stierkopf und eine Schlange. Die im Inneren sitzende Gestalt besitzt einen Falkenkopf und trägt ebenfalls ein Messer. Der Text (Tb 146) lautet:

14. Pforte: Herrin des Zorns, die im Blut tanzt – Variante: die das Haker-Fest ausführt, die das Zittern hört – Variante: die deinen Jubel macht (am) Tag des Hörens des Bösen. Sie ist unter der Kontrolle dessen, der den Müden verhüllt.

Kol. III: Der Aufsatz des dritten Torbaus besteht aus einem sechsgliedrigen Ornament. Die im Tor sitzende menschenköpfige Figur besitzt wie die beiden anderen Wächter ebenfalls ein Messer und ist mumiengestaltig dargestellt. Im Text (Tb 146) wird erklärt:

15. Pforte: Beseelte, rot an Augenwimpern, Blinde, die in der Nacht herauskommt, um die Feinde von Ra zu vertreiben, die ihre Arme dem Herzensmüden gibt zu seiner Zeit, (wenn) der Gang vollzogen wird. Sie ist unter der Kontrolle dessen, der den Müden verhüllt.

Kol. IV: Die vierte Kolumne besitzt keine Vignette, der Schriftspiegel füllt beinahe die gesamte Bindenhöhe aus. In dieser ausführlichen Kolumne (Schlusstext Tb 146) spricht die Verstorbene in der Rolle des Horus, die ihren „Vater" Osiris vor dessen Feinden rechtfertigt und schützt. Im Text steht tatsächlich das Suffixpronomen der dritten Person Singular maskulin „er" obwohl die Mumienbinde einer Frau gehört, wofür das weibliche Determinativ des Namens spricht. Der Schreiber hat vermutlich von einer Vorlage abgeschrieben, die für einen Mann bestimmt gewesen ist, entsprechend ist das Zeichen für die erste Person Singular stets der sitzende Mann statt der sitzenden Frau. Auch die Figur in der Vignette zu Kol. V ist fälschlich als Mann wiedergeben:

Osiris der Wedja-Schu, geboren von Iret-ru, er sagt: „Ich bin einer, der seine Standarte bekleidet. Ich bin gekommen, ich habe die Dinge in Abydos festgesetzt. Geöffnet ist mir der Weg in Rasetjau, ich habe das Leiden des Osiris gelindert. Ich bin heute an das Tor des Jenseits gekommen. Verborgener, mache den Weg (für) mich! Ich bin Horus, der seinen Vater schützt, Sohn der Isis, der Erbe des Osiris! Ich bin gekommen, ich habe deine Flügel über Osiris ausgebreitet. Ich bin heute an das Tor des Festes gekommen, das der Augenwimpern-Göttin entgegentritt. Mache den Weg für mich! Ich bin Horus, der seinen Vater schützt! Ich bin gekommen, ich habe die Leidenden errettet vor dem, der (es) tat. Ich bin heute zu dem Tor der Unterwelt gekommen. Mache den Weg (für mich)! Ich bin Horus, der seinen Vater schützt! Ich bin gekommen, ich habe Schlechtes von meinem Vater Osiris vertrieben. Ich habe seine Feinde bestraft auf jener (?) Sandbank von Nedit, an jenem Tag (?) des großen Teilens. Ich bin ein trefflicher (?) Verklärter geworden vor (?) Osiris (?) in (?) seinem (?) Fest (?)."

Kol. V: In der letzten erhaltenen Kolumne beginnt ein neuer Spruch (Tb 147), weshalb sich das Bildfeld vom einheitlichen Schema der vorhergehenden Vignetten absetzt. Rechts steht eine nach links schreitende männliche Person, die in der rechten Hand ein Räuchergefäß hält und die linke zum Gruß erhoben hat. Ihr gegenüber befindet sich ein stehender schakalköpfiger Gott, der in der linken Hand ein stabähnliches Gebilde hält, bei dem es sich wohl um eine Ähre handelt, und in der rechten das Symbol für Leben. Zwischen den beiden Figuren steht ein Opfertisch mit einer Lotosblume. Titel und Einleitung des Totenbuchspruches 147 sowie die drei Namen der Wächter des 1. Tores wurden ausgelassen, der Spruch setzt erst mit der Rede der Verstorbenen ein:

Worte zu sprechen durch Osiris Wedja-Schu, geboren von Iret-ru, wenn er zu dem Tor gelangt. Ich bin der Große, der sein Licht gemacht hat. Ich bin zu dir gekommen, Osiris, dass ich dich anbete. Rein ist dein Ausfluss, der aus dir fließt. Gemacht ist (der Name) von Rasetjau. Sei gegrüßt, Osiris, in deiner Stärke, in deiner Macht in Rasetjau. Erhebe dich, Osiris, in deiner Stärke in Abydos, dass du den Himmel durchziehst, dass du gegenüber Ra ruderst, dass du das Rechit-Volk siehst. Einziger (?), durchziehe Ra. Siehe, ich habe zu dir, Osiris, gesagt: „Ich bin ein Würdenträger des Gottes." Was ich gesagt habe, wird geschehen. Bereite den Weg des Lichtes für diesen Osiris.

Wie eingangs erwähnt, werden auf dem Mumienbindenfragment zwei Sprüche aus dem sogenannten „Totenbuch" wiedergegeben. Der häufigste Schriftträger für Totenbuchsprüche ist Papyrus, daneben sind sie aber auch mehrfach auf Mumienbinden zu finden. Erste Belege für beschriftete Mumienbinden stammen aus dem späten 5. Jahrhundert v. Chr. Sicher nachzuweisen sind sie von der 30. Dynastie an bis in die ausgehende Ptolemäerzeit, womöglich sogar bis in die frühe Römerzeit. Für sie wurde ausschließlich Leinen verwendet, wobei die Binden nicht als schmale Streifen gewebt worden sind, sondern von größeren Tüchern abgerissen wurden, wie die oberen und unteren Reißkanten deutlich machen. Da von den meisten Stücken kaum ein gesicherter archäologischer Kontext erhalten ist, lässt sich schwerlich ein Anbringungs- bzw. Wicklungsprinzip am Leichnam nachweisen. Der Vorteil der Totenbuchmumienbinden gegenüber den Totenbuchpapyri ist die direkte Nähe der Texte zum Verstorbenen, der durch die magischen Sprüche im Jenseits unmittelbar geschützt wird. Eines der zentralen Themen der Totenbuchsprüche ist der Wunsch, sich frei durch das Totenreich zu bewegen. Manchmal werden Jenseitsräume mit ihren Höhlen, Hügeln, Grüften und Wasserläufen sowie Gefilden und Toren beschrieben. Die Vorstellung von den Unterweltstoren wird in den Sprüchen 144 bis 147 deutlich, in denen in variierender Anzahl Tore, Pforten und Portale beschrieben werden, durch welche der Verstorbene schreiten muss, um seinen Weg im Jenseits fortzusetzen. Die Durchgänge werden von Furcht einflößenden Dämonen bewacht, die häufig tierköpfig und mit Messern bewaffnet sind. Diese Wächter beschützen bzw. verhüllen etwas, das in Tb 146 als „Herzensmüder" oder „Müder" bezeichnet wird. Damit ist der Herr der Unterwelt, Osiris, gemeint, zu dem der Tote gehen möchte, um sich mit ihm zu vereinigen und in sein Gefolge einzutreten. Der Verstorbene kann nur dann passieren, wenn er die Namen der Tore und deren Wächter weiß, die häufig so beängstigend wie die Wächternamen selbst sind. Die Totenbuchsprüche versorgen ihn nun mit diesem Wissen. So heißt es in Tb 145 (nach dem ptolemäerzeitlichen Papyrus Turin 1791): „Ich kenne dich (= Tor), ich kenne deinen Namen und ich kenne den Namen des Gottes, der dich bewacht (= Wächter)." Zugleich muss der Verstorbene aber auch Aufgaben erfüllen und sich beweisen, wie der Schlusstext von Tb 146 verdeutlicht. Wenn er schließlich durch die Portale geschritten ist, wird auch ihm der Unheil abwehrende Schutz der Wächter zuteil. Die Reden des Verstorbenen an jedem Tor werden in Tb 144 sowie 145 wiedergegeben, während Tb 146 lediglich die Namen der Tore sowie ihrer Wächter nennt und nur im Schlusstext den Passanten zu Wort kommen lässt. In Tb 147 dagegen sind die Reden des Verstorbenen wieder ausführlicher, in denen vornehmlich die Anbetung und der Schutz des Osiris im Mittelpunkt stehen.

S. T.

Die Scherbe mit den mysteriösen Rechtecken

Ein Ostrakon des Ägyptischen Museums

Inv.-Nr.:	1270
Material:	gebrannter Ton
Maße:	Höhe: max. 12,5 cm; Breite: max. 18 cm
Fundort:	vermutlich Theben
Erwerbung:	1903 im Antikenhandel von Georg Steindorff erworben
Datierung:	griechisch-ptolemäisch (2.–1. Jahrhundert v. Chr.)

Die Tonscherbe (Abb. 39) ist neben knapp 20 weiteren Objekten des Ägyptischen Museums Zeuge der demotischen Sprachstufe des Ägyptischen, die zwischen dem siebten vorchristlichen und fünften nachchristlichen Jahrhundert in Ägypten geschrieben und gesprochen wurde, so zum Beispiel zur Zeit Kleopatras VII. Es handelt sich dabei um eine komplizierte, von rechts nach links zu lesende Kursive. Nur wenige Forscher weltweit sind in der Lage, die Zeichen zu entziffern, die stark durch individuelle Handschriften geprägt sind. In Demotisch liegen neben großen Werken der Weltliteratur wie der Setna-Romane oder magischen Handbüchern auch Zeugnisse des Alltagslebens vor. Darunter sind Schülerübungen, Einkaufslisten, Ehe- und Scheidungsurkunden oder auch komplexe Gerichtsdoku-

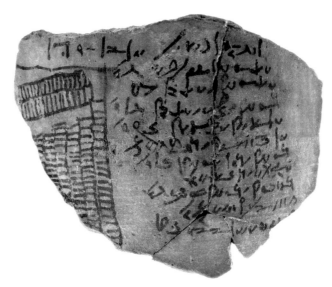

Abb. 39. Ostrakon ÄMUL 1270

mente zu nennen. Diese geben einen Einblick in Wirtschaft, Recht und Verwaltung und damit in die Lebensweise der Bevölkerung Ägyptens vor 2000 Jahren.

Der Text auf der konvexen Seite (die Rückseite ist unbeschriftet) des aus Ton gebrannten Ostrakons ist ein solches Dokument des Alltags. Es handelt sich dabei um eine Liste von Personen, die einen Geldbetrag oder eine Menge an Weizen schulden. Leider ist nichts über die näheren Umstände bekannt, wofür genau diese Summen aufgewandt werden sollten, wer den ausstehenden Betrag eintrieb und warum diese zehn Männer überhaupt zu Schuldnern wurden. Nicht einmal die Einheit wird genannt. Weiterhin ist nicht offenkundig, in welchem Zusammenhang die Liste mit der Zeichnung der Rechtecke am linken Rand des Ostrakons steht. Deren Deutung soll am Ende dieses Beitrags versucht werden.

Das Stück selbst war bereits bei Erwerb in vier Teile zerbrochen. Glücklicherweise verliefen die Bruchkanten akkurat, so dass es gut geklebt werden konnte und die Entzifferung der Schriftzeichen kaum erschwert wird. Es ist relativ gut leserlich beschrieben, vermutlich von einem professionellen Schreiber. An manchen Stellen ist die Oberfläche leicht abgerieben, rechts und links fehlt etwas, aber der Text ist fast komplett erhalten. In der ersten Zeile wird der Titel genannt:

Regierungsjahr 18, Monat Thoth, Tag 10: Rechnung der Rückstände:

Durch die Schreibrichtung von rechts nach links stellt sich das so dar, die Pfeile markieren den Wortbeginn:

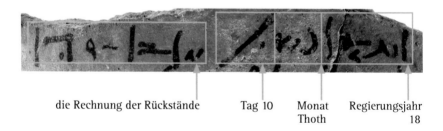

die Rechnung der Rückstände   Tag 10   Monat   Regierungsjahr
                                                  Thoth   18

Leider ist das Datum zu ungenau, um daraus die richtige Datierung abzuleiten. Es kommen mehrere Könige der Dynastie der Ptolemäer infrage, die ein 18. Regierungsjahr aufweisen. Aufgrund der Zeichenformen plädierte der Wissenschaftler Wilhelm Spiegelberg, der sich 1912 mit diesem Ostrakon beschäftigte, für eine Einordnung in die zweite Hälfte der Ptolemäerdynastie. Damit beschränkt sich die Abfassungszeit auf folgende Daten:

unter Ptolemaios V.	18. Oktober 188 v. Chr.
unter Ptolemaios VI. (der mit Kleopatra II. und	12. Oktober 164 v. Chr.
Ptolemaios VIII. eine Korengentschaft einging)	
unter Ptolemaios X. und Kleopatra Berenike	25. September 97 v. Chr.
unter Ptolemaios XII.	17. September 64 v. Chr.
oder	
unter Kleopatra VII.	10. September 35 v. Chr.

Als Herkunftsort gilt Theben als wahrscheinlich, nicht nur, weil von dort viele solcher Ostraka stammen, sondern auch, weil manche der Männer Namen tragen, die Götter enthalten, die dort verehrt worden sind.

Ein Beispiel:
In Zeile drei wird ein Mann namens „Psenmonthes, Sohn des Psenamunis" genannt. Wörtlich übersetzt heißen diese Namen „Der Sohn des Month" und „Der Sohn des Amun". Beide Götter wurden zum Beispiel im Tempel von Karnak in Theben-Ost verehrt. Im folgenden Bild ist dieser Schuldner im Text zu erkennen:

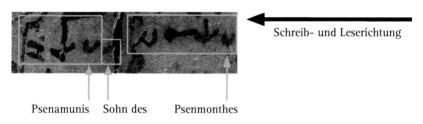

Schreib- und Leserichtung

Psenamunis   Sohn des   Psenmonthes

In den Zeilen zwei bis elf werden nun die zehn Namen der Schuldner mit dem des Vaters genannt. Drei Männer sind Ausnahmen von dieser Regel: In Zeile zwei wird ein „Psenmonthes, der ‚Fütterer'" erwähnt. Vermutlich arbeitete er in der Tierzucht und war dadurch hinreichend bekannt. Hinzu kommt ein gewisser „Pamonthes, Sohn des Pamonthes", von dem in Zeile vier noch der Großvater „Psenamunis" genannt wird:

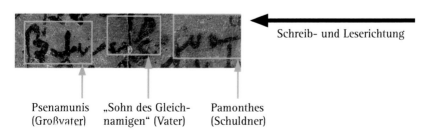

Schreib- und Leserichtung

Psenamunis   „Sohn des Gleich-   Pamonthes
(Großvater)   namigen" (Vater)   (Schuldner)

Außerdem ist der Name Hippalos in Zeile zehn auffällig. Er ist nicht durch ein Elternteil näher bestimmt. Er ist griechischen Ursprungs und wurde auf Demotisch alphabetisch notiert:

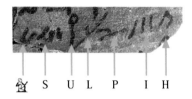

Schreib- und Leserichtung

𓆓 S U L P I H

Manche Buchstaben, die gesprochen wurden, fanden keine Notierung in der Schreibung des Ägyptischen. Insbesondere die Wiedergabe nicht-ägyptischer Wörter ist ein schwieriges wie auch spannendes Forschungsfeld. Diesen Mann als Griechen zu bezeichnen, wird der Sache allerdings nicht gerecht: Bereits im vierten vorchristlichen Jahrhundert gaben griechische Personennamen keine Auskunft mehr über ethnische Zugehörigkeiten. Die ägyptische Gesellschaft war zu diesem Zeitpunkt bereits multikulturell und teilweise mehrsprachig.

Während man bei Pamonthes aus Zeile vier noch die Abstammung aus der dritten Generation anführte, um sicherzugehen, den richtigen Schuldner zu meinen, hat man bei „Psenmonthes, dem Fütterer“ und Hippalos dies nicht für nötig gehalten oder gar vergessen. Vielleicht waren diese Männer „einschlägig“ bekannt!

Der komplette Text der Liste lautet:

(1) Regierungsjahr 18, 10. Thoth: Die Rechnung der Rückstände:
(2) Psenmonthes, (der) Fütterer: 16.
(3) Psenmonthes, Sohn des Psenamunis: 7 (?).
(4) Pamonthes, Sohn des Gleichnamigen (= Pamonthes), Sohn des
    Psenamunis: 11 ½.
(5) Petosiris, Sohn des Onnophris: 29 ½.
(6) Petesais, Sohn des Patseous (?): 30.
(7) Pamonthes, Sohn des Panechates: 21 ½.
(8) Pikos, Sohn des Paeris: 6.
(9) Patemis (oder: Pasemis (?)), Sohn des Pamonthes-gemty: 16.
(10) Hippalos: 36.
(11) ...ba, Sohn des Petepapis: 23.

Am Schluss ist keine Summe der Geldbeträge oder der Name des Schreibers des Texts vermerkt, wie man es aus anderen Beispielen kennt. Listen mit Personennamen sind in großer Zahl aus Ägypten überliefert: Allein über 107 Texte in demotischer, 451 in griechischer und 149 in koptischer Sprache haben Wissenschaftler bearbeitet vorgelegt. Meist wurden sie auf Ostraka geschrieben, was ein billiger und schnell verfügbarer Träger für solche knappen Dokumente war, die nicht immer für Generationen archiviert werden mussten oder als Vorlage für ein Schriftstück auf dem hochwertigeren Papyrus dienten.

Ferner sind Texte aus Ägypten bekannt, in denen Schulden aufgezählt worden sind. Die hier behandelte Liste ist dabei vergleichsweise knapp formuliert. Ein griechischer Papyrus beispielsweise, der sich heute in Berlin befindet, nennt Personen, die eine bestimmte Summe in der Währung Drachmen schulden.

Doch was stellt nun die mysteriöse Zeichnung dar und in welchem Zusammenhang steht sie zum Text? Darüber kann man nur spekulieren. Es ist sicher kein später hinzugefügter Lückenfüller. Die Tinte und Linienführung legen nahe, dass Text und Bild zur gleichen Zeit durch e i n e n Schreiber entstanden sind. Man kann außerdem keinen Zusammenhang zwischen der Anzahl der Rechtecke mit den Zahlenwerten nach den Personennamen herstellen, so dass es sich dabei um eine Art Schuldnerdiagramm handeln könnte. Zwei Varianten, wenngleich spekulativ, sind folgende: Entweder handelt es sich um eine Darstellung von Ackerparzellen oder aufeinander gestapelten Ziegeln. Die Schulden könnten damit auch Zahlungen für Baumaterial sein. Leider bleibt der genaue Zusammenhang verborgen, denn bisher ist keine vergleichbare Zeichnung auf antiken Papyri und Ostraka bekannt.

F. N.

Bringt mir meine „Seele" zurück!

Der Sarg des Petosiris

Inv.-Nr.:	5622
Material:	Kalkstein
Maße:	Höhe: ca. 180 cm; Breite: ca. 61,5 cm; Tiefe: ca. 46 cm
Fundort:	1913 in Grab E 156, Bestattung 2, in Qau el-Kebir
Erwerbung:	Ausgrabung Steindorff 1913
Datierung.	Ende 4.–2. Jahrhundert v. Chr.

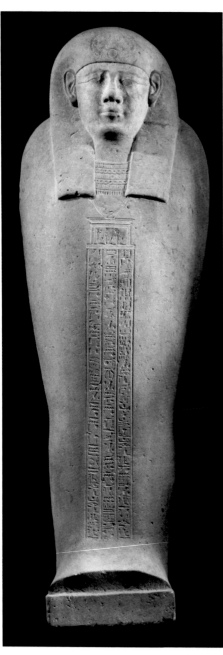

Abb. 40: Der Sarg des Petosiris

Der mumienförmige Sarg des Petosiris (Abb. 40) wurde in einem Grab in Qau el-Kebir gefunden, in einem Sektor der Nekropole, der sich am Rande des Fruchtlandes in der Verlängerung des Aufweges des Grabes von Wahka II. befindet (Abb. 41, dort fälschlicherweise als Grab E 216 bezeichnet, vgl. Abb. 42). Es gehört zu einer Gräbergruppe, von der die Ernst-von-Sieglin-Expedition im Jahre 1913 63 Grabkomplexe freilegte, darunter das direkt am Fruchtland gelegene Grab E 156. Es besteht aus einem oberirdischen quadratischen Raum aus Lehmziegeln ohne erkennbaren Eingang, dessen Außenmaße weniger als 5 x 5 m betragen. Ein rechteckiger Schacht im Innern des Raumes führt drei Meter in die Tiefe. In der dem Fruchtland abgewandten Schmalseite des Schachtes öffnet sich nach Nordwesten die Grabkammer, die außerhalb der Grundfläche des Oberbaus liegt. Ihre genaue Form und Größe sind nicht überliefert, sie dürfte jedoch eine annähernd quadratische Grundfläche von etwas mehr als 4 x 4 m gehabt haben. In ihr befanden sich sieben Bestattungen, wovon sechs über einen grob gearbeiteten kastenförmigen Sarkophag aus Kalkstein mit flachem Deckel verfügten. Beide sind am Kopfende abgerundet und verjüngen sich zum Fußende hin (Abb. 43). In drei von ihnen befand sich ein weiterer,

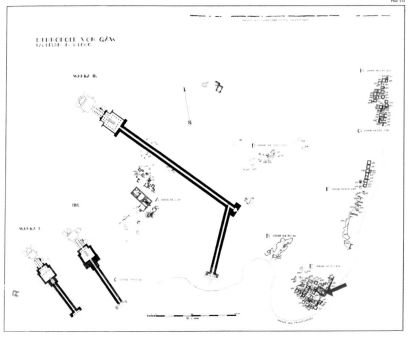

Abb. 41: Plan der Nekropole von Qau el-Kebir mit Markierung von Grab E 156

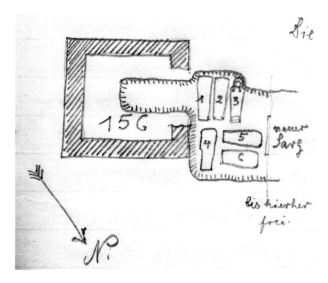

Abb. 42: Skizze im Grabungstagebuch Qau el-Kebir zu Grab E 156

69

Abb. 43: Teil der Auffindungssituation der Grabkammer E156 mit Petosiris (oben)

diesmal mumienförmiger Kalksteinsarg, darunter der hier zu behandelnde. Der siebente Tote lag nur in einem solchen mumienförmigen Sarg. Das Grab war möglicherweise noch unberaubt, aber durch Feuchteinwirkung (Grundwasser [?]) waren die meisten Särge morsch und brüchig geworden und die Mumien zu Staub zerfallen. Auch der größte Teil der auf den Verstorbenen angebrachten Amulette und Perlen aus Fayence hatten ihre Glasur und Festigkeit verloren und konnten nicht geborgen werden.

Es handelt sich wohl um ein Familiengrab, aber über die Identität und das Geschlecht von sechs der Bestatteten ist nichts bekannt. Die siebente Person ist der Salbenhersteller Petosiris, dessen Totenausstattung E 156.2 die vom Eingang aus betrachtet zweite und daher wohl eine der jüngeren Beisetzungen in diesem Grab war.

Die kastenförmigen Außen- und die mumienförmigen Innensärge gehören typologisch zu einer Gruppe, die vom 4. bis in die zweite Hälfte des 2. Jahrhundert v. Chr. produziert wurden. Eine genauere Datierung ist schwer zu ermitteln. Steinsärge, auf denen die gleichen Sprüche stehen wie auf dem des Petosiris, datiert M. L. Buhl in ihrer Studie zwischen das Ende des 3. und die zweite Hälfte des 2. Jahrhundert v. Chr. Sie berücksichtigt auch drei Objekte aus Qaw und verortet einen vierten mit unbekannter Herkunft ebenfalls dorthin. Das Leipziger Stück, das zu Buhls Klasse E gehört, war ihr bekannt, wurde jedoch wegen des ungenügenden Publikationsstandes nicht berücksichtigt. Möglicherweise ist es etwas früher, ins

4./3. Jahrhundert v. Chr., zu datieren, denn ein Vergleichsstück, ebenfalls mit dem betreffenden Spruch beschriftet, könnte aus der gleichen Werkstatt wie das Leipziger Objekt stammen. Dabei handelt es sich um den im Kunsthandel erworbenen Sarg eines Padinechetnebef in Leiden, dessen Name an den des Königs Nechetnebef, d. h. Nektanebos I., erinnert. Zumindest unter Ptolemaios IV. und VI. verfügte die lokale Priesterschaft sowohl über die finanziellen Mittel als auch die qualifizierten Steinmetze/Bildhauer, um für sich solche Objekte anfertigen zu lassen, wie umfangreiche Bauarbeiten am Tempel des Gottes Antaios in Qaw bezeugen.

Der Innensarg des Petosiris ist der qualitätvollste aller entsprechenden Stücke, die die Ernst-von-Sieglin-Expedition in den insgesamt 200 von ihr untersuchten Gräbern gefunden hat. Er ist der einzige mit eingravierter Dekoration und Beschriftung. Farbe ist nicht oder nicht mehr vorhanden, was möglicherweise der feuchten Umgebung geschuldet ist. Zahlreiche ähnliche Särge aus Qaw wurden laut E. Chassinat um 1900 im Kunsthandel in Kairo zum Verkauf angeboten und stammten aus illegalen Grabungen. Einer von ihnen hatte ein vergoldetes Gesicht, eine blaue Perücke, schwarz umrandete Augen und Augenbrauen sowie mit grüner Farbe eingelegte Hieroglyphen.

Nur Gesicht, Perücke und Ohren des Stücks sind plastisch ausgearbeitet. Der Kopf erhebt sich von der Brust, so dass der Halsansatz unter dem bartlosen Kinn sichtbar ist. Unterhalb der Schultern verjüngt sich der ungegliederte Körper zu den Knien hin, um sich im Bereich der Waden wieder etwas zu verbreitern und an den Füßen hervorzustehen. Auf der Stirnseite der Perücke befindet sich ein Flügelskarabäus mit einer Sonnenscheibe zwischen den Vorderbeinen. Unterhalb des zwischen den abhängenden Perückenteilen eingravierten Halskragens hängt in Brusthöhe ein Pektoral mit den hockenden Göttern Osiris (mit Atefkrone), Isis (mit Thron auf dem Kopf) und Horus (falkenköpfig mit Doppelkrone). Darunter befinden sich drei senkrecht eingravierte Textkolumnen, die bis zum beginnenden Fußbereich reichen. Letzterer ist wie ein Sockel ausgearbeitet. Die Sargwanne weist einen Rückenpfeiler und etwa mittig die Andeutung des Gesäßes auf. Der Flügelskarabäus ist ein göttlich-königliches Symbol, das erst spät auf Kopf oder Stirn von privaten Mumien und mumienförmigen Särgen auftaucht. Er hat eine doppelte Bedeutung: Zum einen schützen die ausgebreiteten Flügel den Kopfbereich, zum anderen lassen der nach ägyptischer Vorstellung von selbst aus der Erde entstehende Skarabäus und die Sonne den Verstorbenen am solaren Regenerationszyklus teilhaben. Das Dekorationsmotiv kann auch als ein Wiederaufgreifen des Skarabäusamuletts betrachtet werden, das des Öfteren in den Mumienbinden im Kopfbereich eingewickelt wird. Das schreinförmige Pektoral schützt den Brustbereich der Mumie. Die darin abgebildete Osiristriade ist eine häufige, aber nicht die ausschließliche Bewohnergruppe solcher Schreine. Die Auswahl dieser Gruppe wird mit der funerären Funktion des Sarges zusammenhängen, da Osiris der König der Unterwelt ist. Es ist aber auch denkbar, dass Petosiris und seine Familie eine besondere Beziehung zu diesen Göttern pflegten. Sein Name bedeutet nämlich „Der, den Osiris gegeben hat", sein Vater hieß Pahor „Der von Horus" oder „Der zu Horus gehört" und die Mutter, Imitpet „Die im Himmel ist", könnte auf Isis-Hathor verweisen. Petosiris trägt zwei Titel, die ihn mit der Produktion von Salben und Ölen für religiöse Zwecke in Verbindung bringen. Des Weiteren kennzeichnet ihn der Titel „Gottessiegler" als jemanden, der eine Rolle bei der Mumifikation spielt und als Ritualist bei Beerdigungen tätig war. Gehörte er zur untergeordneten Priesterschaft, dessen Produkte bei Osirisfesten verwendet oder in einer Balsamierungswerkstatt eingesetzt wurden?

Die Inschrift (Abb. 44) lautet:

> (1) Oh (du) (Weg)Holer/Bringer der Ba-Seelen und (du) Köpfer der Schatten-Gestalten,
> oh Ihr (wörtl.: jene) Götter, Herren der lebenden Individuen (wörtl.: Köpfe),
> möget Ihr den Ba des Vorstehers der königlichen Salbenmacher, des Gottessiegelbewahrers, des tüchtigen Ölpressers im Salbenhaus, des Petosiris, gerechtfertigt, des Sohnes des ebenso betitelten Pahor, gerechtfertigt, geboren von Imitpet, gerechtfertigt, (2) zu ihm bringen.
> Möget ihr euch seinet(wegen) zu seinem Leib gesellen, damit sein Herz glücklich ist.
>
> Möge sein Ba zu seinem Leib und zu seinem Herzen kommen.
> Möge sein Ba seinen Leib und sein Herz besuchen/umfassen.
> Möge sein Ba sich mit seinem Leib und seinem Herzen versehen/zusammentun.
>
> Bringt sie (ihm), oh Götter, ins (oder: aus dem) Benben-Haus in Heliopolis (3) neben Schu, dem Sohn des Atum!
> (Denn:) Sein *Ib*-Herz gehört ihm wie Re,
> sein *Hati*-Herz gehört ihm wie Chepri.
>
> Reinheit, Reinheit für deinen Ka, für deinen Ba,
> für deinen Leichnam, für deinen Schatten, für deine herrliche Mumiengestalt,
> (oh) Osiris des Petosiris, gerechtfertigt, geboren von Imitpet, gerechtfertigt!

Um die Inschrift verstehen zu können, ist es wichtig sich vor Augen zu halten, dass das ägyptische Persönlichkeitsbild mehr Aspekte beinhaltete als die abendländische Körper-Geist-Dualität. In diesem Text werden genannt: die Ba-Seele, der Schatten, der *Djet*-Leib, das *Ib*- und das *Hati*-Herz, der Ka, der Leichnam und die Mumiengestalt. Es gibt aber noch weitere „Verkörperungen" oder „Transformationen", die hier nicht genannt werden. Der Ba ist eine Art von Freiseele, ein bewegliches Prinzip, das den Körper verlassen und zwischen der Welt der Menschen und der Welt der Götter, Diesseits und Jenseits reisen kann und sich nach dem Tod bevorzugt im Himmel beim Sonnengott aufhalten möchte. Er wird als menschenköpfiger

Vogel dargestellt. Auch der Schatten verfügt, zumindest nach dem Tod, über eine große Beweglichkeit, er reist aber in die Unterwelt. Das Herz ist der Sitz von Gefühlen, Verstand, Entscheidungen und Gedächtnis. Sprachgeschichtlich hat das jüngere ägyptische *Hati* das ältere semitisch-ägyptische *Ib* abgelöst. Es ist unklar, ob die beiden Bezeichnungen ursprünglich unterschiedliche, wenn auch verwandte Realitäten bezeichneten. Versuche einer Aufteilung können alle nicht recht überzeugen. Beispiele hierfür sind: *Ib* als Sitz von Bewusstsein, Willen und Gedächtnis und *Hati* als Herzmuskel (psychisch vs. physisch); *Hati* als Herzmuskel und *Ib* als gesamtes restliches Innenleben im Brust- und Bauchbereich und somit innerstes Wesen, das bei der Mumifizierung in vier Kanopen untergebracht wird; *Ib* als Sitz von angeborenen/vererbten Eigenschaften und *Hati* als von während der Lebenszeit erworbenen Eigenschaften. Der Ka ist ein sehr komplexes Prinzip, eine Art vitaler Doppelgänger, die schützende Lebenskraft im Menschen, die vom Vater auf den Sohn übergeht und den Menschen in den Generationenwechsel und die Familie einbindet, die ihm Status und Ehre verleiht und der nach dem Tod die Opfergaben für den Verstorbenen angeboten werden. Die Ka-Personifikation wird als Armpaar dargestellt. Der *Djet*-Leib ist nicht der Körper des Lebenden, auch nicht der Leichnam oder die ehrenvolle, starre Mumiengestalt, sondern der göttliche Jenseitskörper des Verstorbenen.

Während des Lebens bilden die verschiedenen „körperlichen" und „geistigen" Persönlichkeitsaspekte eine Einheit, durch den Tod verschwinden sie nicht, sondern verlassen teilweise den leblosen Körper und werden selbständig. Mittels der Mumifikation und Bestattungsrituale soll eine Reintegration der Persönlichkeitsaspekte realisiert werden, die dem Verstorbenen ein neues, wenn auch anderes, Leben im Jenseits ermöglicht. Zu den zu vollziehenden Riten gehört die Rezitation von Totenliturgien, darunter Verklärungssprüche, die zum Ziel haben, den Verstorbenen zu „verklären", ägyptisch *se-ach*, d. h. zu einer Ach-Persönlichkeit, einer Art von Lichtwesen oder „verklärtem" Ahnengeist zu machen.

Abb. 44: Die Inschrift des Sarges des Petosiris

73

Die hier genutzte Inschrift wird gern auf Brust und Beinen von spätzeit-
lichen Särgen angebracht. Sie ist vollständig, aber eigentlich ein Auszug
aus einer Sammlung von sogenannten Verklärungssprüchen der ägyptischen Spätzeit, genauer dem „Ersten Buch der Verklärungen", Kapitel 14d.
Es handelt sich dabei ursprünglich um ein Festritual für den Totengott
Osiris-Chontamenti im Tempel von Abydos, vermutlich in der 25. oder 26.
Dynastie verfasst, das (spätestens) im 4. Jahrhundert v. Chr. in die Liturgi-
en des privaten Totenkultes übernommen wurde. Diese Bücher integrierten
viele alte Texte aus den Korpora der Pyramiden- und Sargtexte sowie des
Totenbuches. Der hier genutzte Spruch gehörte nicht dazu und ist erst ab
dem 4. Jahrhundert v. Chr. schriftlich überliefert. Gewisse Aspekte in Wort-
schatz, Grammatik und Inhalt weisen darauf hin, dass der Text frühestens
im Laufe des Neuen Reiches konzipiert worden sein kann, möglicherweise
auch erst im Zuge der Abfassung des Ersten Verklärungsbuches.

Das 14. Kapitel fängt mit der Überschrift „Verklärung" an und enthält
vier Teile. Der erste besteht aus einer Kompilation von uralten Pyrami-
dentexten, danach folgt ein Aufruf an den Verstorbenen, seinen Durst zu
stillen. Der dritte Abschnitt ist eine Bestätigung, dass die Feinde des Toten
vernichtet sind. Die vierte Spruchfolge ist der hier aufgeführte Text: die
Aufforderung an einige Götter, die Ba-Persönlichkeit, die sich beim Tod
vom Verstorbenen getrennt hat, zu ihm zurückzubringen.

Dieser kommt auch anderswo als separate Einheit vor. Er ist z. B. am Ende
des Totenbuchpapyrus Ryerson (4./3. Jahrhundert v. Chr.) hinzugefügt,
weshalb er auch zu Unrecht als Kapitel 191 des Totenbuchs bekannt ist.
In diesem Papyrus ist der Text mit einem eigenen Titel und Bild versehen:
„Spruch, um die Ba-Seele zum *Chet*-Körper (wörtl.: Bauch) zu bringen". Die
Darstellung zeigt den Ba als menschenköpfigen Falken mit ausgebreiteten
Flügeln. Auf mehreren Särgen befindet sich die Spruchfolge genau unter
einer solchen Darstellung oder unter der eines Ba-Vogels, der über einer
Mumie auf einer Totenbahre schwebt. Allerdings ist zu berücksichtigen,
dass sowohl der Text als auch die Darstellung des Ba-Vogels gern mit dem
Totenbuchspruch 89 kombiniert wurden, dem „Spruch, um zu veranlassen,
dass der Ba auf seinem Leichnam ruht" oder auch „... seinen Leichnam
berührt". Daher ist unsicher, ob die Darstellung im Brustbereich nur durch
den Spruch auf dem Sarg, oder durch Totenbuchspruch 89 bzw. durch das
schon im Neuen Reich in Text und Bild belegte Konzept vom Ba-Vogel auf
der Brust der Mumie hervorgerufen wird.

Der Text ist in Versform aufgebaut und zu je vier Strophen ungleicher
Länge aufgeteilt. Dabei wird die Struktur etwas dadurch gestört, dass der
Name Osiris-Chontamenti, des ursprünglichen göttlichen Adressaten, durch
Titel, Name und Genealogie des Verstorbenen ersetzt ist. In dem ersten
Abschnitt werden Götter aufgerufen, den Ba des Verstorbenen zu ihm (zu-
rück)zubringen, genauer gesagt zu seinem *Djet*-Jenseitskörper. Die beiden
im ersten Vers genannten Seelenbringer/-holer und Schattenköpfer, sind

wahrscheinlich identisch mit „jenen Göttern, Herren der lebenden Köpfe" oder „Herren der Köpfe der Lebenden" im zweiten. Die drei Götterbezeichnungen sind nicht anderweitig belegt. Der Ba und der Schatten des Verstorbenen werden häufig gemeinsam erwähnt, sowohl in der Beschreibung von Freiheiten und Fähigkeiten, über die sie verfügen, als auch von Bedrohungen und Bestrafungen, die sie erleiden: Sie können gepackt, mit Netzen gefangen, eingesperrt, bewacht, erstochen, vernichtet, eingeschlürft, verschlungen usw. werden. Da der Name „Abschneider/Köpfer von Schatten" eindeutig auf einen bedrohlichen Gott hinweist, wird auch der „Bringer/Holer von Bas" ein gefürchteter „(Weg)bringer von Bas" sein. Der Name der Gruppe lässt sich vielleicht folgendermaßen erklären: „Lebender Kopf" ist eine Bezeichnung für den lebend erbeuteten Feind, den Kriegsgefangenen („Kopf" im Sinne von „Mensch"), daher sind die „Herren der lebenden Köpfe" vielleicht Gefängniswärter im Jenseits. Aber sie können sogar noch Furcht einflößender sein, denn im Jenseits wurden auch „Köpfe" in Gruben vernichtet. Vermutlich werden absichtlich gefährliche Wesen angerufen, die in der Lage sind den Ba zu überwältigen, um sicherzustellen, dass dieser zum Verstorbenen zurückkehrt. Im letzten Vers würde man erwarten, dass die Götter den Ba mit dem Körper vereinen, aber in allen Handschriften wird der Wunsch so formuliert, dass sie sich selbst mit dem Körper des Toten vereinen, d. h., sich zu ihm gesellen.

In der zweiten Strophe wird die Annäherung des Ba an den Körper beschrieben: Er kommt zu Körper und Herz, er *besucht* oder *umarmt* und er *versieht* oder *vervollständigt* sich mit ihnen. Die genaue Bedeutung dieses „sich versehen mit" ist unklar und das letzte Verb scheint den antiken Schreibern ebenfalls Verständnisschwierigkeiten bereitet zu haben, denn es ist auf dem Sarg wie auch in anderen Handschriften falsch geschrieben, teilweise zu „mit Flügeln schützen" verändert, oder der Vers ist gänzlich weggelassen.

Der Anfang der dritten Strophe ist fehlerhaft bei Petosiris und durch den Wechsel der Pronomina auch mehrdeutig. Sind Ba, Leib und Herz jetzt vereint und werden „sie" zu „ihm", d. h. dem Verstorbenen gebracht, oder werden Leib und Herz („sie") zum Ba („ihm") gebracht? Außerdem ist unklar, ob „sie" in das Benben-Haus hineingebracht werden, wie alle Bearbeiter dieses Textstück übersetzen, oder aus ihm herausgebracht, wie eigentlich die gängige Bedeutung der Konstruktion lautet. Das genannte Gebäude ist der zentrale Bereich des Sonnentempels von Heliopolis. Mehrere Texte belegen, dass der Ba sich gern dort aufhält, wo er Opferbrote oder Spenden bekommt, verklärt ist, sich ausruht, zu der Gruppe der „Ba-Seelen von Heliopolis" gesellt und mit ihnen spricht. Heliopolis ist die Stadt des Sonnengottes Re, der hier auch als Urgott Atum verehrt wird. Schu als Sohn des Atum hat selbstverständlich ebenfalls seinen Platz hier, die Texte belegen jedoch weder seine Rolle im Benben-Haus, noch warum der Verstorbene speziell dort seine Nähe wünscht. Vielleicht will er die Luft, die von Schu als Luftgott ausgeht, einatmen, vielleicht möchte er dank ihm, der den Himmel über die Erde erhebt, zum Sonnengott in den Himmel hinaufsteigen. In manchen Texten möchte der Tote sich auch mit Schu oder dessen Ba identifizieren.

Die beiden Verse zum Thema Herz sind vermutlich als eine Bestätigung dafür aufzufassen, weshalb die Götter den Ba zum Verstorbenen bringen sollen, zumal sie in imperativischer und nicht in Wunschform dazu aufgefordert werden. Damit gemeint ist wahrscheinlich, dass das Herz, als zentrales Organ im menschlichen Organismus und Sitz der intellektuellen Fähigkeiten, sich an seinem angestammten Platz befindet, nicht vernichtet, müde oder vergesslich ist und sich mit seiner Zeugenaussage vor dem Jenseitsgericht nicht gegen den Verstorbenen aufgelehnt hat, ihm also loyal ergeben ist. In einigen Texten ist davon die Rede, dass es zum „Haus der Herzen" gebracht wird, wo der Tote es mitnehmen und an seinen vorgesehenen Platz stellen kann, in anderen wird ihm sein Herz gebracht. Damit ist eine wichtige Voraussetzung für die Regeneration des Verstorbenen gegeben: Er gewinnt die Fähigkeit zurück, zu denken und zu handeln. Die Stilfigur der Ellipse „wie Re" bzw. „wie Chepri" besagt nicht, dass das Herz dem Verstorbenen gehört, so wie es Re gehört, auch nicht, dass das Herz dem Verstorbenen gehört, so wie Re dem Verstorbenen gehört, sondern dass dem Verstorbenen sein Herz gehört, so wie auch das Herz des Re dem Sonnengott Re gehört bzw. seiner sich regenerierenden Gestalt als Morgensonne Chepri. Dass Res Herz ihm selbst gehört, war anscheinend für die Ägypter eine Selbstverständlichkeit, sonst würde es nicht in einem solchen Vergleich eingebaut werden, aber es ist ungeklärt, auf welchen Mythos hier angespielt wird. Eine Möglichkeit ist ein gut belegter Schöpfungsmythos, in dem Thoth, akribischer Gott der Schreibkunst und allwissender Richter, als „Herz des Re" die sich alles ausdenkende, intellektuelle schöpferische Fähigkeit des Sonnengottes personifiziert.

War in den vorangehenden Versen vom *Ib*-Herz die Rede, das sich freut und mit dem Leib zusammen genannt wird, sind im folgenden Doppelvers *Ib*- und *Hati*-Herz von Bedeutung. Vermutlich sind hier beide Wörter Synonyme und werden nur aus stilistischen Gründen nebeneinander verwendet: eine Verdoppelung der Aussage durch das Stilmittel der Variation, um ihr mehr Gewicht zu verleihen.

Dem Thema der rituellen Reinheit des Verstorbenen, seiner Körperteile oder seiner Persönlichkeitsaspekte im letzten Abschnitt begegnet man immer wieder in der Totenliteratur. Es ist unabdingbar, sowohl um den Körper vor Verfall zu bewahren (z. B. durch die Reinigung mit Natron bei der Mumifizierung), als auch um vor den vielen Wächtern der Unterwelt bestehen zu können oder sich in der Gesellschaft der Götter aufhalten zu dürfen. Die rituelle Unreinheit, das mit Sünde Behaftetsein, ist gleichbedeutend mit Leiden in der Unterwelt und führt ultimativ zum zweiten, endgültigen

Tod. In vielen Handschriften wird zwischen Ka und Ba noch der *Djet*-Leib genannt, der auf dem hier behandelten Sarg ausgelassen wurde, einmal wird der Text sogar noch erweitert um „deine Statue und deine Gestalt/ Verwandlung an jedem Ort, an dem dein Ka zu sein wünscht".

Die Spruchfolge auf dem Sarg des Petosiris bezweckt also die Wiedervereinigung von Ba-Seele mit *Djet*-Ewigkeitskörper und geistiger Fähigkeit (Herz) und bezieht in der letzten Strophe weitere Verkörperungen des Verstorbenen mit ein. Durch den Tod haben sich die verschiedenen Komponenten des Menschen voneinander gelöst und durch die Balsamierung und Bestattung sollen diese wieder zusammengeführt werden. Obwohl sie jede für sich weiterleben, wird in vielen Texten betont, dass der Ba, von dem gerade gewünscht wird, dass er sich frei bewegen und den Sonnengott besuchen kann, den Verstorbenen in seiner Grabkammer nicht vergisst und zu ihm zurückkehrt, damit dieser aus seinem Todesschlaf erwacht.

P. D.

Priesternachwuchs

Das Ordinationsgelübde des Diakons Elias an Bischof Abraham

Inv.-Nr.:	496
Material:	Kalkstein
Maße:	Höhe: 10 cm; Breite: 12 cm
Fundort:	unbekannt, vermutlich aus Theben
Erwerbung:	von Steindorff in Luxor gekauft
Datierung:	um 600 n. Chr.

Ich, Elias, der Diak(on), Sohn des ..., ich schreibe an unseren heiligen Vater Apa Abraham, den Bischof:
Nachdem ich dich gebeten hatte, und du mich zum Priester ordiniert hast, bin ich jetzt bereit,
dass ich die Gebote und das Kirchenrecht und die Berufskenntnisse beachte
und binnen zwei Monaten das heilige Evangelium nach Markus auswendig lerne, herkomme und es dir vortrage und es behalte,
und vierzig Tage lang faste
und vierzig Tage lang mein Bett keusch bewahre

und an den festgelegten Tagen des Abendmahls mein Bett keusch bewahre.
Und ich werde nirgendwo hingehen, ohne zu fragen.
Ich, Elias, ich stimme zu.

Nach einem vorgegebenen Formular mit rechtlich bindender Wirkung erklärt ein Priester nach seiner unlängst vollzogenen Ordination (der Fachterminus dafür ist „Handauflegung") die Erfüllung bzw. Einhaltung bestimmter Pflichten und Normen (Abb. 45–46). Dazu gehören das Befolgen der kirchen- und dienstrechtlichen Satzungen, die Aneignung von Bibelkenntnissen sowie gewisse asketische Übungen im Zusammenhang mit dem jährlichen vierzigtägigen Fasten der Passionszeit und dem Nachvollzug der Passion Christi im gottesdienstlichen Abendmahl.

S. R.

Auf frischer Tat ertappt

Die Aussage des Priesters Isaak gegen den Priester Papnute

Inv.-Nr.:	499
Material:	Kalkstein
Maße:	Höhe: 9 cm; Breite: 10,7 cm
Fundort:	unbekannt, vermutlich aus Theben
Erwerbung:	von Steindorff in Luxor gekauft
Datierung:	um 600 n. Chr.

Zu mir, dem Pr(iester) Viktor, hat der Pr(iester) Isaak folgendes gesagt:
„Als ich am Samstag des Fasten-Lösens abends kam, das ich für Papnute zelebrieren würde, ging ich zu ihm hin und fand ihn essend und trinkend. Ich fuhr ihn an: „Bist Du es? Dass ich dich so sehen muss!" Er sagte zu mir: „Wenn du zelebrieren willst, (dann) tu es, wenn nicht, (dann) lass es bleiben."
Ich, der Pr(iester) Isaak, ich bin Zeuge dafür, dass der Priester Papnute diese Worte zu mir gesprochen hat."

Was war geschehen? Am Abend des Karsamstags kam der Priester Isaak zu seinem Kollegen Papnute, mit dem er den Gottesdienst zur Osternacht zelebrieren wollte, und fand ihn zu seinem Entsetzen schmausend vor: Papnute hatte das große, vierzigtägige Fasten der Passionszeit, dessen

Abb. 45: Ostrakon AMUL 496 (Vorderseite)

Abb. 46: Ostrakon ÄMUL 496 (Rückseite)

79

Abb. 47: Ostrakon ÄMUL 499 (Vorderseite)

Abb. 48: Ostrakon ÄMUL 499 (Rückseite)

strenge Beachtung er ebenso wie der Diakon Elias (s. o. Inv.-Nr. 496) bei seiner Ordination versprochen haben dürfte, nur wenige Stunden vor Ablauf gebrochen! Auf Isaaks erschrockene Anrede hin zeigte der ertappte Sünder offensichtlich keinerlei Reue. Lakonisch forderte er Isaak auf, zu tun, was er für richtig hält. Die Anzeige des Isaak (Abb. 47– 48) war Teil eines standardisierten kirchenrechtlichen Disziplinarverfahrens. Sie erfolgte über den Dienstweg, so dass Viktor, ein Vorgesetzter des Isaak, es schließlich war, der dessen Aussage an den zuständigen Bischof (wahrscheinlich Apa Abraham) weiterleitete. Für solche Aussagen gegen Kleriker gab es ein spezielles Formular, das hier befolgt wird. Der Bischof dürfte dem Sünder eine Strafe wie, z. B. den Ausschluss vom Abendmahl und eine Buße, auferlegt haben, von deren Erfüllung die Rehabilitierung des Gezüchtigten abhing.

S. R.

Große Kinder, große Sorgen

Die Bürgschaft des Psate für seine Söhne vor dem Bischof Abraham

Inv.-Nr.:	498
Material:	Kalkstein
Maße:	Höhe: 7,6 cm; Breite: 9,4 cm
Fundort:	unbekannt, vermutlich aus Theben
Erwerbung:	von Steindorff in Luxor gekauft
Datierung:	um 600 n. Chr.

Ich, Psate, der Einwohner von Djeme, ich schreibe an meinen väterlichen Herrn Apa Abraham:
Ich bürge dir für meine zwei Söhne Pappa und Ananias, denn ich habe dich gebeten (und) du hast jetzt Erbarmen gehabt mit meinen Söhnen. Nun, siehe, bin ich für ihre Sünde verantwortlich, und wenn ich den Topos (d. h., das Kloster) des Apa Leontios vernachlässige – ich oder meine Söhne – (dann) sind wir bereit, dass ich den Topos ohne Widerrede verlasse, denn dir gehört der Topos und du bist sein Herr.
Ich, Psate, ich stimme diesem Kalkstein-Ostrakon zu.

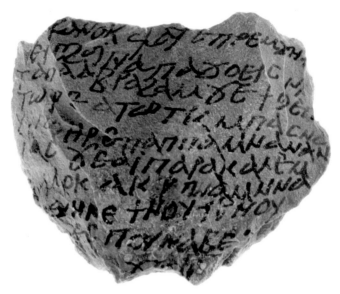

Abb. 49: Ostrakon AMUL 498

Derselbe Bischof Abraham, an den auch das Ordinationsgelübde des Jung-
priesters Elias und wahrscheinlich auch die Anzeige gegen das Leckermaul
Papnute adressiert waren, empfängt hier eine Bürgschaft (der Fachterminus
dafür ist „Hand-Ergreifen") eines Mannes, dessen beide Söhne sich in einer
das Kloster des Apa Leontios schädigenden Weise missbenommen hatten
(Abb. 49). Der Vater stand offenbar in fester Verbindung zum Kloster, vielleicht sogar als Mönch (dagegen würde nicht sprechen, dass er der leibliche
Vater von Kindern ist), vielleicht aber auch nur als Dienstleister. Welchen
üblen Streich seine Bengel verübt hatten, ist nicht dokumentiert. Dass es
sich nicht um eine Bagatelle handelte, ergibt sich aus der Konsequenz, die
der Bürgende im Falle eines erneuten Vergehens auf sich nimmt: „Dann bin
ich bereit, den Topos ohne Widerrede verlassen".

Topos bedeutet wörtlich „Ort". Im spätantiken Ägypten waren Klöster in
solchem Maße prototypische „Orte", dass das Wort gleichbedeutend mit
anderen Ausdrücken wie *Monasterion* als Bezeichnung für ein Kloster gebraucht wurde.

S. R.

Dem Manne Gehorsam sein

Der Brief des Priesters Markos an Papnute und Elisabeth

Inv.-Nr.:   502
Material: Kalkstein
Maße: Höhe: 7 cm; Breite: 9 cm
Fundort: unbekannt, vermutlich aus Theben
Erwerbung: von Steindorff in Luxor gekauft
Datierung: um 600 n. Chr.

Ihr wisst, dass ich Euch schon einmal geschrieben und geraten hatte: „Ihr seid meine Geschwister, ich will nicht irgendeine missliebige Sache über euch hören!" Jetzt wurde mir mitgeteilt, dass ihr das Mädchen zurückhaltet, während es bei euch ist, und ihr nichts beibringt außer Lehren, die nicht richtig sind. Wenn ihr weiterhin die Frau des Mannes nicht belehrt, dass sie an ihn gebunden ist und ihm gehorsam ist wie jede Frau und seine Arbeit macht, so nehmt zur Kenntnis, dass ich euch exkommuniziere, bis sie aufhört, in solcher Weise verwirrt zu sein. Seht, ich habe euch dieses weitere Mal geschrieben.

An Papnute und Elisabeth, von Markos, jenem geringsten Priester.

Der Text gibt den Blick in eine zerrüttete Ehe frei (Abb. 50–51). Eine Frau hat sich von ihrem Mann abgesetzt und zu Papnute und Elisabeth, ihren Freunden oder Verwandten, geflüchtet. Sie wird mit einem Wort benannt, das normalerweise „Mädchen" vom Säuglings- bis zum Jugendalter bezeichnete. Durch griechische Texte des 2. Jahrhunderts n. Chr. aus Mittelägypten (sogenannten Zensus-Deklarationen) wie auch durch arabische Dokumente aus dem mittelalterlichen Kairo (sogenannten Geniza-Texten) ist das Ehe-Eintrittsalter von Frauen in Ägypten bekannt. So konnten schon 12- oder 13-jährige Mädchen vermählt werden. Um eine solche „Kind-Braut" scheint es hier zu gehen, tatsächlich könnte ihr zartes Alter Teil des Konflikts sein, der die gar zu junge Frau zu ihren Beschützern getrieben hat. Der Rat des Priesters Markos, sie über ihre Ehepflichten zu informieren, so herzlos wie er klingt, liegt ganz auf der Linie der christlichen Hochschätzung der Ehe. Während Scheidungen in Ägypten über lange Zeiten hin juristisch und moralisch unproblematisch waren, wurde diese Möglichkeit durch die Gesetzgebung der christlichen Kaiser stark eingeschränkt und mit Sanktionen belegt. Die Stabilisierung der Ehe von außen wurde durch die seelsorgerliche Initiative Geistlicher begleitet, so dass die Intervention des Priesters Markos weniger herzlos gewesen sein mag, als es auf den ersten Blick erscheint.

S. R.

Abb. 50: Ostrakon ÄMUL 502 (Vorderseite)

Abb. 51: Ostrakon ÄMUL 502 (Rückseite)

84

Immer auch das Kleingedruckte lesen

Ein Arbeitsvertrag mit Haken

Inv.-Nr.:	1611
Material:	Tonscherbe mit Topfrillen
Maße:	Höhe: 17 cm; Breite: 14 cm
Fundort:	unbekannt, vermutlich aus Theben
Erwerbung:	von Steindorff in Theben gekauft
Datierung:	um 600 n. Chr.

Nachdem ich, Isaak, Sakau für die Kamele gedungen habe,
damit er an den zwei Kamelen, an ihrer Ausrüstung und ihrem Zubehör arbeite,
und wenn nicht irgendeine Sache von ihm vernachlässigt wird
und er mir einen Eid über mein Vieh und die Arbeit (für) den Topos (= das Kloster) leistet,
bin ich meinerseits wiederum bereit, ihm
zwanzig Artaben Weizen im großen Jahr samt fünfundzwanzig Krug Wein und einer Artabe Datteln und zwei Flaschen Öl;
– im kleinen Jahr aber sechzehn Artaben Weizen (und) zwanzig Krug Wein und zwei Flaschen Öl
–
zu zahlen.

Die Konstellation von Kamelarbeitern in Dienstverhältnissen mit Klöstern ist in den dokumentarischen Quellen so gut bezeugt, dass sie typisch gewesen sein dürfte. Tatsächlich waren die spätantiken Klöster Ägyptens bedeutende Produzenten und Konsumenten und damit auf die von Kameltreibern angebotenen Transportdienste angewiesen. Die Arbeitsleistungen, die dieser Text (Abb. 52–53) vorsieht, die Klausel gegen Nachlässigkeit und der vom Kameltreiber zu leistende Eid wegen der ihm anvertrauten Tiere und Ausrüstungsgegenstände sind ganz ähnlich aus anderen Kamelarbeitsverträgen bekannt.

Die hier genutzte Lohnzusage hingegen ist einzigartig: Es werden zwei unterschiedlich bemessene Rationen in Aussicht gestellt. Diese sind abhängig von der Gunst der landwirtschaftlichen Erträge – denn „Großes" und „Kleines" Jahr bedeuten nichts anderes als „reichliche" und „zu geringe" Nilüberschwemmung. Ähnliche Regelungen waren bei Ackerpachtvereinbarungen üblich und im Sinne der Risikoverteilung im Fall des Scheiterns durch Ereignisse höherer Gewalt durchaus sinnvoll. Nicht einzusehen ist dagegen, weshalb ein Kamelarbeiter das Risiko schlechter Ernten tragen sollte, die auf den Umfang und Erfolg der von ihm erbrachten Arbeitsleistung wahrscheinlich keinerlei Einfluss hatten.

Abb. 52: Ostrakon ÄMUL 1611 (Vorderseite)

Abb. 53: Ostrakon ÄMUL 1611 (Rückseite)

Die dem Arbeiter Sakau zugemessene Bezahlung in Naturalien entspricht im „Großen Jahr" umgerechnet ca. 600 Kilo Weizen, 62,5 bis 100 Litern Wein, 4 bis 8 Litern Öl und 30 Kilo Datteln, im „Kleinen Jahr" ca. 480 Kilo Weizen, 50 bis 80 Litern Wein und 4 bis 8 Litern Öl: Mengen, die mehr oder weniger das Subsistenzlevel eines Jahres darstellen, womit zugleich die Laufzeit des Vertrages geklärt ist.

Vergleicht man die Bestandteile und Quantitäten der Lohnzusage aus diesem Text mit den in anderen Dokumenten belegten Rationen für Lohnempfänger in ähnlichen abhängigen Stellungen wie der des Sakau, so zeigt sich über die Jahrhunderte hinweg das klare Muster eines Existenzminimums (Fig. 1). Dieses bestand hauptsächlich aus (Weizen-)Brot, Wein und Öl. Allein Schwerarbeitern wird zusätzliche proteinhaltige Nahrung zugeteilt: Dem Soldat Fleisch, dem Bergmann und dem Seemann Hülsenfrüchte.

Fig. 1: Rationen von Lohnempfängern in abhängiger Stellung auf Tagesrationen umgerechnet.

	Kamelarbeiter aus O.ÄMUL 1611 (7. Jh.)		Soldat (1. Jh.)	Bergmann (2. Jh.)	Hausknecht (6. Jh.)	Mündel (6. Jh.)	Seemann (8. Jh.)
	„Großes Jahr"	„Kleines Jahr"					
Weizen	1,6 kg	1,3 kg	1 kg	1 kg	1 kg	800 g	1 kg
Gerste	–	–	–	–	500 g	330 g	
Hülsenfrüchte	–	–	–	100 g	–	–	165 g
Datteln	83 g	–	–	–	–	–	–
Fleisch	–	–	160 g	–	–	–	–
Öl	1,1 cl	2,2 cl	–	2,5 cl	1,6 cl	1,6 cl	1,7 cl
Wein	1–2 dl	1–2 dl	5 dl	–	1–2,5 dl	1–2 dl	1,7 cl

S. R.

Bürokratie, Geschäfte, Schule

Die Keilschrifttexte des Altorientalischen Instituts der Universität Leipzig

Das Altorientalische Institut der Universität Leipzig besitzt 58 Keilschrifttexte in sumerischer und babylonischer Sprache. Sie stammen aus dem Alten Mesopotamien, dem Zweistromland zwischen den Flüssen Euphrat und Tigris im heutigen Irak und Syrien, und datieren in die Zeit von ca. 2400 bis 508 v. Chr. Drei dieser Texte werden im Folgenden exemplarisch vorgestellt.

Die Keilschrift wurde um 3200 v. Chr. von den Sumerern erfunden und ist neben den ägyptischen Hieroglyphen das älteste Schriftsystem der Welt. Man benutzte sie während der drei letzten vorchristlichen Jahrtausende in ganz Vorderasien für ein Dutzend unterschiedlicher Sprachen, von denen das Sumerische, das Babylonisch-Assyrische (heute meist Akkadisch genannt) und das Hethitische die bedeutendsten waren. Zeitweise dienten die Keilschrift und die babylonische Sprache als internationales Verständigungsmittel. Auch der ägyptische Pharao verwendete sie bei seinem diplomatischen Briefverkehr mit den Königen Vorderasiens. Erst im Perserreich wurde sie mehr und mehr vom aramäischen Alphabet abgelöst.

Die Keilschrift war ein kompliziertes Schriftsystem. Einige Zeichen standen für ganze Wörter, andere für einzelne Silben. Um Texte schreiben zu können, brauchte man mindestens 150 Zeichen, im Gesamten gibt es allerdings ca. 1000. Geschrieben wurde mit einem Schilfrohrgriffel in Ton. Wurde dieser luftgetrocknet, im Ofen oder bei einer Feuersbrunst gebrannt, ist er ein nahezu unvergänglicher Beschreibstoff, der die Jahrtausende überdauert. Deshalb lagern in den Museen der Welt heute mehr als 550.000 Keilschrifttexte. Dieses riesige Schrifttum, das dem Umfang des antiken Lateinischen gleichkommt, ist den schreibwütigen Bürokraten in den Amtsstuben mesopotamischer Paläste und Tempel, den geschäftstüchtigen Mesopotamiern und den Mühen der Schreiberschüler in der Schule zu verdanken. Es gewährt heute tiefe Einblicke in die Geschichte und Kultur des Alten Orients.

Text 1

Inv.-Nr.:	SIL 1
Material:	Ton
Maße:	Höhe: 12,2 cm; Breite: 6,8 cm; Tiefe: 2,1 cm
Fundort:	Umma (Südbabylonien)
Erwerbung:	Beginn des 20. Jahrhunderts
Datierung:	2046 v. Chr.

Diese sumerische Wirtschaftsurkunde (Abb. 54) listet Gersterationen an Bedienstete des Palastes auf. Dieser war nicht nur Sitz des Königs und der Regierung, sondern zugleich eine große Wirtschaftseinheit. Vieles von dem, was er verbrauchte, produzierte er auch selbst und versorgte damit seine Angehörigen. Man spricht daher von einem institutionellen Haushalt. Neben dem Tempel, einem weiteren institutionellen Haushalt, und der Privatwirtschaft war der Palast der dritte ökonomische Akteur. Seine Bürokratie verzeichnete sorgfältig alle Einnahmen und Ausgaben. Für die Zeit zwischen ca. 2100 und 2000 v. Chr. sind über 90.000 Texte aus dieser Verwaltung überliefert.

Die Wirtschaft war arbeitsteilig. Auch die Bediensteten gehörten verschiedenen Berufen an: Schreiber organisierten die Palastverwaltung, Soldaten waren in ihm angestellt, Schiffer und Treidler wickelten den Transport auf Flüssen und Kanälen, den im wasserreichen Babylonien üblichen Transportwegen, ab. Töpfer stellten Keramik her, Schilfrohrarbeiter schnitten Schilf als Viehfutter, Brenn- und Baumaterial. Alle anderen genannten Berufe dienten der Nahrungsmittelproduktion. Das Hauptlebensmittel war Gerste, die zu Brot und Bier verarbeitet wurde.

Der Text ist mit einem Jahresnamen datiert, der das wichtige Ereignis der Thronbesteigung des Königs Amar-Su'ena festhält.

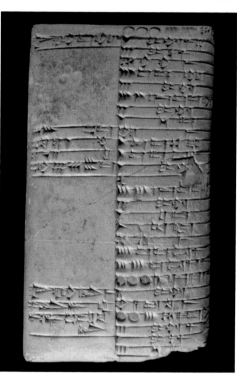

Abb. 54: SIL 1

(Gerstemengen) für die Schreiber–für die Angehörigen der Truppe–für die Köche–für die Töpfer–für die Schiffer–für die Mäster–für die Schilfrohrarbeiter–für die Treidler–für die Müllerinnen–für die Brauer–für die Mälzer–für die Brauarbeiter. 33 Kor (= 300 l) Gerste, Gersteration, es ist ein Monat, über (einen Zeitraum von) 12 Monaten, die dazugehörige Gerste: 396 Kor; Personal des Königs ist es, Aufseher: Lu-dingira. Jahr: Amar-Su'ena (wurde) König.

Text 2

Inv.-Nr.:	SIL 6
Material:	Ton
Maße:	Höhe: 5,2 cm; Breite: 4,2 cm; Tiefe: 1,8 cm
Fundort:	Babylon
Erwerbung:	Beginn des 20. Jahrhunderts
Datierung:	540/539 v. Chr

Hierbei handelt es sich um eine Rechtsurkunde, die in spätbabylonischer Sprache abgefasst ist und einen Vertrag über die Ausbildung eines Sklaven zum Baumeister enthält (Abb. 55-56). Unter der großen Zahl solcher überlieferter Dokumente aus Privatarchiven sind Lehrverträge sehr selten, weil die Ausbildung in den meisten Berufen in der eigenen Familie erfolgte. Überliefert sind, abgesehen von diesem Text, Verträge über die Ausbildung zum Sackwirker, Gewandschneider, Wäscher, Bäcker, Töpfer, Tischler, Steinschneider, Lederhandwerker, Silberschmied, Barbier, Priester, Leberschauer und Schreiber. Die Lehrlinge sind meist Sklaven, die Geber deren Eigentümer und die Meister selbständige Handwerker. Im vorliegenden Fall ist der Geber interessanterweise Nachkomme aus einer Familie mit Namen „Maurer", was wohl kaum Zufall sein wird. Die Dauer des Lehrverhältnisses variierte mit dem Beruf, war aber auch von den Vorkenntnissen des Lehrlings abhängig. Die hier genannten acht Jahre waren das Maximum, das nur noch bei der Ausbildung zum Tischler vorkam; am kürzesten, nämlich 16 Monate, dauerte die Ausbildung zum Koch. Der Geber verpflichtete sich, den Lehrling für ein Jahr zu alimentieren; danach musste der Lehrmeister selber für Ernährung und Kleidung sorgen. Die drei Liter Gerste, die für den Fall einer ungenügenden Lehre vom Meister zu zahlen waren, verstehen sich nach den textlichen Parallelen pro Tag der Ausbildung. Zusätzlich wurde eine Silberstrafe von fünf Sekeln (ca. 41,5 g) für anderweitige Vertragsverletzungen festgesetzt. Von einem Honorar für den Lehrmeister ist im Text nicht die Rede. Die Arbeitskraft des Lehrlings war seine Vergütung.

Wie jedes mesopotamische Rechtsgeschäft wurde auch dieses vor Zeugen abgeschlossen. Personen in spätbabylonischer Zeit trugen meist einen dreigliedrigen Namen: Personenname – Name des Vaters – Familienname. Die Familiennamen waren entweder Personennamen eines Vorfahren oder häufig Berufsnamen, wie in diesem Text „Maurer" und „Bauinspektor".

Der Text enthält eine taggenaue Datierung: Es stammt aus dem 16. Jahr des Königs Nabonid, welches zugleich das letzte Jahr seiner Regierung war und das letzte eines selbständigen Babyloniens überhaupt. Denn im Jahr 539 v. Chr. rückte der Perserkönig Kyros in Babylon ein und machte es zur persischen Satrapie.

Abb. 55: SIL 6 (Vorderseite)

Abb. 56: SIL 6 (Rückseite)

Mina-Bel-dajjanu, Sohn des Labaschi, der Nachkomme der (Familie) ‚Maurer‘, hat den Ina-Nabu-ultarrach, seinen Sklaven, zum (Erlernen der) Baumeisterei auf 8 Jahre dem Schuzibanni-Bel, dem Sohne des Ach-ittabschi, gegeben. Die Baumeisterei wird er ihn lehren. Ein Jahr (lang) wird Verpflegung und Arbeitskleidung Mina-ana-Bel-dajjanu dem Ina-Nabu-ultarrach geben. Wenn er ihn nicht gelehrt hat, wird täglich 3 Liter Gerste als seine Abgabe der Schuzi-banni-Bel dem Mina-ana-Bel-dajjanu geben.

Zeugen: Nabu-iddina, der Sohn des Marduk-belschunu, der Nachkomme der Familie ‚Bauinspektor‘; Ardi-Esabad, der Sohn des Tabnea, der Nachkomme der Familie ‚Dabibi‘; und Arad-Gula, der Schreiber, der Sohn des Tabnea, der Nachkomme der Familie ‚Dabibi‘.

Der Vertragsbrüchige wird 5 Sekel Silber geben.

Babylon, 1. (des Monats) Ululu, im 16. Regierungsjahr des Nabonid, Königs von Babylon. Sie haben (jeder) ein (Exemplar der Urkunde) genommen.

Text 3

Inv.-Nr.:	SIL 122
Material:	Ton
Maße:	Höhe: 9 cm; Breite: 6 cm; Tiefe: 2,5 cm
Fundort:	unbekannt
Erwerbung:	Beginn des 20. Jahrhunderts
Datierung:	6. Jahrhundert v. Chr

Die lexikalische Liste ist zweisprachig sumerisch–babylonisch und enthält einen Ausschnitt aus einer großen Körperteilliste (Abb. 57), die aus vielen anderen Texten bekannt ist. Die linke Spalte ist Sumerisch, die rechte enthält die babylonische Übersetzung, der auch die Übersetzung ins Deutsche folgt. Im Sumerischen sind die Körperteile stets mit dem Possessivpronomen „mein" versehen, also „mein Hals", „mein Rücken" usw. Auf der babylonischen Seite stehen die Körperteile ohne dieses. Die Reihenfolge geht grob von Kopf bis Fuß. Bisweilen entspricht mehreren sumerischen Wörtern dasselbe Wort im Babylonischen. Die alten Schreiber ersparten sich dann die Doppelschreibung und machten zwei senkrechte Keile als Wiederholungszeichen.

Die Körperteilliste gehört zu einem großen Korpus lexikalischer Listen, die seit der frühesten Zeit der Schrift in Mesopotamien existierten und primär der Schreiberausbildung dienten. Sie waren zunächst einsprachig sumerisch, wurden dann aber im Laufe der Zeit mehr und mehr zweisprachig sumerisch–babylonisch oder bisweilen gar mehrsprachig ausgeführt. Auf diese Weise wurden in Mesopotamien die ersten Wörterbücher der Welt geschaffen. Mit Hilfe der Listen lernten angehende Schreiber die richtige Schreibung von Zeichen und Wörtern, aber auch Fremdsprachen. Das Sumerische starb zu Beginn des zweiten Jahrtausends v. Chr. aus, wurde aber weiter gelehrt, vor allem zur Verfassung von kultischen und wissenschaftlichen Texten. Man hat die Rolle des späteren Sumerischen deshalb mit der des Latein im Mittelalter und der frühen Neuzeit verglichen.

Oft waren die lexikalischen Listen, wie im vorliegenden Fall, thematisch gegliedert. Die Körperteilliste ist ein Ausschnitt aus einer ganzen in einer sogenannten Tafelserie angeordneten Enzyklopädie, die u. a. die folgenden Themen behandelt: Juristische Ausdrücke, Bäume, Holzobjekte, Werkzeuge, Waffen, Gefäße, Schilfrohr und Schilfrohrgegenstände, Metalle und Metallobjekte, Tiere, Pflanzen, Ortsnamen und Lebensmittel. Andere Listen orientierten sich an der Lautung oder auch an der Form der Keilschriftzeichen, und öfter ist eine Mischung aller Ordnungsprinzipien erkennbar.

Abb. 57: SIL 122

Hals–Rücken–?–Halssehne–Nackensehne–Rückgrat–Rückenwirbel–rechte Seite–Fleisch der rechten Seite–?–?–Hüfte–‚Kopf‘ der Hüfte–Hüftpfanne–Buckel–Zungenwurzel–(Zungenteil)–(Zungenteil)–Rippe–Mittelteil des Rückens–Brustbein–Brustbeinfortsatz (?)–Schwertfortsatz des Brustbeins–(Teil der Brust)–Brust–Brustbeinfortsatz–Thymusdrüse (?)–Kot–Nabel–Fettgewebe–Bauchdecke–Verdickung am Magen (?)–(Teil des Leibesinneren)–Magen–Darm–Dickdarm–dicker Darm–Dünndarm–Darm, mit Blut gefüllt–Darmwindungen–Darmschlingen–(Teil der Eingeweide)–Blättermagen (bei Wiederkäuern).

M. P. S.

Literaturverzeichnis

Allgemeine Literaturhinweise:

J. Assmann, Tod und Jenseits im Alten Ägypten. München 2010.

E. Hornung, Das Totenbuch der Ägypter. Düsseldorf/Zürich 2004.

R. Krauspe (Hg.), Das Ägyptische Museum der Universität Leipzig. Mainz am Rhein 1977.

R. L. B. Moss/J. Malek/B. Porter, Topographical Bibliography of Ancient Egyptian Hieroglyphic Texts, Statues, Relief and Paintings I-VIII. Oxford 1960–2012.

H. Ranke, Die ägyptischen Personennamen. Band I. Glückstadt 1935.

aaew.bbaw.de/tla/, Stand: 31. Oktober 2014.

Versorgung im ewigen Leben:

H. Junker, Gîza VI. Bericht über die von der Akademie der Wissenschaften in Wien auf gemeinsame Kosten mit Dr. Wilhelm Pelizaeus (†) unternommenen Grabungen auf dem Friedhof des Alten Reiches bei den Pyramiden von Gîza. Band VI. Die Maṣtabas des *Nfr* (Nefer), *Kdf.jj* (Kedfı), *K3Hjf* (Kahjef) und die westlich anschließenden Grabanlagen. Akademie der Wissenschaften in Wien. Philosophisch-historische Klasse. Denkschriften 72.1. Wien/Leipzig 1943, S. 244–248.

An der Grenze: Zwei Ägypter im tiefen Süden:

E. Blumenthal, Notizen zur Publikationsvorbereitung 1970–2000. Ägyptisches Museum Leipzig. unveröffentlicht.

D. Franke, Personendaten aus dem Mittleren Reich (20.–16. Jahrhundert v. Chr.). Dossiers 1–796. ÄA 41. Wiesbaden 1984, S. 432–443.

D. Franke, Das Heiligtum des Heqaib auf Elephantine. Geschichte eines Provinzheiligtums im Mittleren Reich. SAGA 9. Heidelberg 1994, S. 85, 87 und Taf. 10.

D. Franke, Die Stele des Jayseneb aus der Schachtanlage K01.12. In: D. Polz/A. Seiler (Hg.), Die Pyramidenanlage des Königs Nub-Cheper-Re Intef in Dra' Abu el-Naga. SDAIK 24. Mainz am Rhein 2003, S. 73–83.

D. Franke (†), Das Bruchstück der Stele des Iminecht[uef?] und Anchu. In: G. Dreyer/F. Arnold/J. Budka/D. Franke (†)/F. Hoffmann/D. Keller/P. Kopp/S. Lippert/B. von Pilgrim/C. von Pilgrim/D. Raue (Hg.), Stadt und Tempel von Elephantine. 33./34./35. Grabungsbericht. MDAIK 64 (2008), S. 86–88, 357–358.

B. Gratien, Prosopographie des Nubiens et des Egyptiens en Nubie avant le Nouvel Empire. CRIPEL Supplément 3. Lille 1991, S. 152.

W. K. Simpson, The Terrace of the Great God at Abydos: The Offering Chapels of Dynasties 12 and 13. PPYE 5. New Haven/Philadelphia 1974, Taf. 83 oben.

H. S. Smith, The Fortress of Buhen. The Inscriptions. EM 48. London 1976, S. 41–42, Pl. 69.

W. A. Ward, Index of Egyptian Administrative and Religious Titles of the Middle Kingdom. With a Glossary of Words and Phrases Used. Beirut 1982, S. 156.

Aufforderung zur Aussageverweigerung:

E. Blumenthal, „Rechtfertigung" im Verständnis der Alten Ägypter. In: K. Kühl/G. Seher (Hrg.), Rom, Recht, Religion. Symposium für Udo Ebert zum siebzigsten Geburtstag. Tübingen 2011, S. 523–548.

J. Gee, Of Heart Scarabs and Balance Weights: A New Interpretation of Book of Dead 30B. The Journal of the Society for the Study of Egyptian Antiquities 35 (2009), S. 1–15.

M. Malaise, Les scarabées du cœur dans l'Égypte ancienne. Avec un appendice sur les scarabées de cœur des Musée Royaux d'Art et d'Histoire de Bruxelles. MRE 4. Bruxelles 1978, S. 19–20.

Das älteste Schulbuch der Welt:

H. Brunner, Die Weisheitsbücher der Ägypter. Lehren für das Leben. Zürich/München 1991, S. 368–369.

G. Burkard, Ein früher Beleg der Kemit (O DAN hierat 5). In: N. Kloth/K. Martin/E. Pardey (Hg.), Es werde niedergelegt als Schriftstück. Festschrift für Hartwig Altenmüller zum 65. Geburtstag. SAK Beihefte 9. Hamburg 2003, S. 37–48.

R. J. Demarée, Ramesside Ostraca. London 2002, Taf. 35–37.

T. G. H. James, The Hekanakhte Papers and other Early Middle Kingdom Documents. PMMA 19. New York 1962, S. 123.

D. Klotz, Fish at Night and Birds by Day (Kemit VIII), ZÄS 136 (2009), S. 136–140.

G. Posener, Catalogue des ostraca hiératiques littéraires de Deir el Médineh. Tome II. DFIFAO 18. Le Caire 1951/1952/1972, Taf. 1–25.

G. Posener, Deux Ostraca littéraires d'un type particulier et le livre KMJ.T. In: B. van de Walle (Hg.), La transmission des textes littéraires Égyptiens. Avec une annexe de G. Posener. Bruxelles 1948, S. 41–50.

„Lass keine Milde walten mit Nubien! Hüte dich vor seinen Einwohnern und seinen Magiern!":

E. Brunner-Traut, Die Altägyptischen Scherbenbilder (Bildostraka) der Deutschen Museen und Sammlungen. Wiesbaden 1956, Nr. 48.

H.-W. Fischer-Elfert, Altägyptische Zaubersprüche. Mit Beiträgen von Tonio Sebastian Richter. Stuttgart 2005, Nr. 10.

Vorbildliche Zahlungsmoral:

R. Krauspe (Hg.), Statuen und Statuetten. Katalog Ägyptischer Sammlungen in Leipzig. Mainz 1997, S. 51–53, Nr. 101.

N. Strudwick, Texts from the Pyramid Age. Leiden/Boston 2005, S. 253.

Ein Ostrakon als Stele:

J. Černý, The Will of Naunakhte and the Related Documents, JEA 31 (1945), S. 29–53.

W. Spiegelberg, Ägyptische und andere Graffiti aus der thebanischen Nekropolis. Heidelberg 1921, S. 65.

E. Rickal, Ostracon figuré biface : adoration au *ba* d'Amon-Rê et liste de mibilier funéraire. In: G. Andreu-Lanoë (Hg.): L'art du contour, Le dessin dans l'Égypte ancienne. Paris 2013, S. 140.

‚Diener' ohne Herrn:

G. Steindorff, Aniba. Zweiter Band. Glückstadt/Hamburg/New York 1937, S. 184.

Differenz von Text und Bild:

E. Blumenthal, Kuhgöttin und Gottkönig. Frömmigkeit und Staatstreue auf der Stele Leipzig Ägyptisches Museum 5141, 11. Siegfried-Morenz-Gedächtnis-Vorlesung. Leipzig 2000.

G. Meurer, Penbui – Wächter an der Stätte der Wahrheit. Eine prosopographische Untersuchung zu Deir el-Medine in der 19. Dynastie. Golden House Publications Egyptology 24. London 2015, bes. S. 60–61.

„Gegrüßt seist du, Horus, hervorgekommen aus Osiris, geboren von der Göttin Isis!":

G. Ebers, Einige Inedita, ZÄS 18 (1880), 53–63.

H. Satzinger, „Horus auf den Krokodilen": Stele oder Statue?. In: B. Schmitz (Hg.), Festschrift Arne Eggebrecht zum 65. Geburtstag am 12. März 2000. HÄB 48. Hildesheim 2002, S. 85–88.

H. Sternberg-El Hotabi, Untersuchungen zur Überlieferungsgeschichte der Horusstelen. Ein Beitrag zur Religionsgeschichte Ägyptens im 1. Jahrtausend v. Chr. ÄA 62. Wiesbaden 1999.

Die Ptah-Sokar-Osiris Statuetten des Ägyptischen Museums der Universität Leipzig -Georg Steindorff-:

J. F. Champollion, Notice descriptive des monuments égyptiens du Musée Charles X. Paris 1827, S. 156.

G. A. Gaballa/K. A. Kitchen, The Festival of Sokar, Orientalia 38 (1969), S. 1–76.

K. Jansen-Winkeln, Eine Familie im Totenkult, ZÄS 128 (2001), S 133–142.

S. Müller, Drei Ptah-Sokar-Osiris Statuetten aus dem Leipziger Ägyptischen Museum – Georg Steindorff – Typologische Einordnung und kulturhistorische Analyse (Inv.-Nr. 1498; 1606; 7471). Unveröffentlichte Magisterarbeit. Leipzig 2009.

M. J. Raven, Papyrus-Sheaths and Ptah-Sokar-Osiris Statues, OMRO 59/60 (1978/1979), S. 251–296.

W. Seipel, Ägypten. Götter, Gräber und die Kunst. 4000 Jahre Jenseitsglaube. Band I. Linz 1989, S. 60.

G. Vittmann, Ägypten und die Fremden im ersten vorchristlichen Jahrhundert. Kulturgeschichte der Antiken Welt 97. Mainz 2003.

„Mache den Weg für mich!":

N. G. W. Curtis/H. Kockelmann/I. Munro, The Collection of the Book of the Dead Manuscripts in Marischal Museum, University of Aberdeen, Scotland. A Comprehensive Overview, BIFAO 105 (2005), S. 49–73.

H. Kockelmann, Untersuchungen zu den späten Totenbuch-Handschriften auf Mumienbinden. Band II. Handbuch zu den Mumienbinden und Leinenamuletten. Studien zum Altägyptischen Totenbuch 12.2. Wiesbaden 2008.

C. R. Lepsius, Das Todtenbuch der Ägypter nach dem hieroglyphischen Papyrus in Turin. Leipzig 1842, S. 3.

R. Lucarelli, The guardian-demons of the Book of the Dead, British Museum Studies in Ancient Egypt and Sudan 15 (2010), S. 85–102.

J. H. Taylor, Journey through the afterlife. Ancient Egyptian Book of the Dead. London 2010, S. 134–137.

S. Töpfer/M. Müller-Roth, Das Ende der Totenbuchtradition und der Übergang zum Buch vom Atmen. Die Totenbücher des Monthemhat (pTübingen 2012) und der Tanedjmet (pLouvre N 3085). Handschriften des Altägyptischen Totenbuchs 13. Wiesbaden 2011.

Die Scherbe mit den mysteriösen Rechtecken:

F. Naether, „The Mysterious Squares". O. Lips. ÄMUL dem. Inv. 1270 Reconsidered. In: F. Haikal (Hg.), Mélanges offerts à Ola el-Aguizy. BdE 164. Kairo 2015, S. 311–324.

Bringt mir meine „Seele" zurück!:

J. Assmann/M. Bommas/A. Kucharek, Altägyptische Totenliturgien. Band 3. Osirisliturgien in Papyri der Spätzeit. Supplemente zu den Schriften der Heidelberger Akademie der Wissenschaften – Philosophisch-historische Klasse 20. Heidelberg 2008, S. 212–215.

T. G. Allen, Additions to the Egyptian Book of the Dead, JNES 11 (1952), S. 177–186 und Taf. 19.

M.-L. Buhl, The Late Egyptian Anthropoid Stone Sarcophagi. Nationalmuseets Skrifter. Arkæologisk-Historisk Række VI. Kopenhagen 1959, S. 150.

É. Chassinat, Sur quelques textes provenant de Gaou el-Kébir (Antaeopolis), BIFAO 1 (1901), S. 103–107.

J.-C. Goyon, La véritable attribution des soidisant chapitres 191 et 192 du Livre des Morts. In: Recueil d'études dédiées à Vilmos Wessetzky à l'occasion de son 65ᵉ anniversaire. Studia Aegyptiaca 1. Budapest 1974, S. 117–127.

C. Leitz, Der Sarg des Panehemisis in Wien. Studien zur spätägyptischen Religion 3. Wiesbaden 2011, 191–194, 393–394.

A. B. Lloyd, Psychology and Society in the Ancient Egyptian Cult of the Dead. In: J. P. Allen/J. Assmann/A. B. Lloyd/R. K. Ritner/D. P. Silverman (Hg.), Religion and Philosophy in Ancient Egypt. Yale Egyptological Studies 3. Conneticut 1989, S. 117–133.

H. D. Schneider, Bringing the *Ba* to the Body. A Glorification Spell for Padinekhtnebef. In: C. Berger/G. Clerc/N. Grimal, Hommages à Jean Leclant. Volume 4. BdE 106/4 (1994), S. 355–362.

H. Steckeweh, Die Fürstengräber von Qâw. Veröffentlichungen der Ernst von Sieglin-Expedition in Ägypten 6. Leipzig 1936, S. 56–62, 68 und Taf. 26d, 27.

Priesternachwuchs/Auf frischer Tat ertappt/Große Kinder, große Sorgen/Dem Manne Gehorsam sein/Immer auch das Kleingedruckte lesen:

S. Hodak/T. S. Richter/F. Steinmann (Hg.), Coptica. Koptische Ostraka und Papyri, koptische und griechische Grabstelen aus Ägypten und Nubien, spätantike Bauplastik, Textilien und Keramik. Katalog Ägyptischer Sammlungen in Leipzig 3. Berlin 2013.

Bürokratie, Geschäfte, Schule:

M. P. Streck (Hg.), Die Keilschrifttexte des Altorientalischen Instituts der Universität Leipzig. Leipziger Altorientalische Studien 1. Wiesbaden 2011.

Glossar:

B. Altenmüller, Synkretismus in den Sargtexten. GOF 7. Wiesbaden 1975.

H. Altenmüller, s.v. Bes. In: LÄ I. Wiesbaden 1975, Sp. 720–724.

J. Assmann/A. Kucharek, Ägyptische Religion. Totenliteratur. Franfurt a. Main/Leipzig 2008.

W. Barta, s.v. Opferformel. In: LÄ IV. Wiesbaden 1982, Sp. 584–586.

H. Beinlich, s.v. Qau el-Kebir. In: LÄ V. Wiesbaden 1984, Sp. 48.

J. Brinks, s.v. Mastaba. In: LÄ III. Wiesbaden 1980, Sp. 1214–1231.

H. Brunner, s.v. Antaios. In LÄ I. Wiesbaden 1975, Sp. 299–300.

B. Bruyère, Rapport sur les Fouilles de Deir el Médineh (1934–1935), Deuxième Partie : La nécropole de l'est. FIFAO 15. Kairo 1937.

J. Černý, A Community of Workmen at Thebes in the Ramesside Period. BdE 50. Le Caire 1973.

C. M. Coche-Zivie, s.v. Ro-setau. In: LÄ V. Wiesbaden 1984, Sp. 303–309.

M. Gutgesell, s.v. Streik. In: LÄ VI. Wiesbaden 1986, Sp. 82–84.

L. Habachi, s.v. Bubastis. In: LÄ I. Wiesbaden 1975, Sp. 873–874.

L. Habachi, s.v. Chemmis. In: LÄ I. Wiesbaden 1975, Sp. 921–922.

E. Hornung, Der Eine und die Vielen. Ägyptische Gottesvorstellungen. Darmstadt/Mainz 2011.

E. Hornung/R. Krauss/D. A. Warburton (Hg.), Ancient Egyptian Chronology. Handbuch der Orientalistik, Erste Abteilung 83. Brill/Leiden/Boston 2006.

L. Kákosy, s.v. Heliopolis. In: LÄ II. Wiesbaden 1977, Sp. 1111–1113.

A. G. McDowell, Village Life in Ancient Egypt, Laundry Lists and Love Songs. New York 1999.

E. Otto, s.v. Bastet. In: LÄ I. Wiesbaden 1975, Sp. 628–630.

E. Otto, s.v. Chnum. In: LÄ I. Wiesbaden 1975, Sp. 950–954.

D. Raue, Ägyptisch-deutsche Forschungen im Sonnentempel von Heliopolis, aMun 16,2 (2014), S. 4–8.

C. Seeber, Untersuchungen zur Darstellung des Totengerichts im Alten Ägypten. MÄS 35. München/Berlin 1976.

G. Shedid, Das Grab des Sennedjem. Ein Künstlergrab der 19. Dynastie in Deir el-Medine. Mainz am Rhein 1994, S. 9–14.

S. Snape, The Complete Cities of Ancient Egypt. London 2014.

R. Stadelmann, s.v. Theben. In: LÄ VI. Wiesbaden 1986, Sp. 465–473.

F. Steinmann, Untersuchungen zu den in der handwerklich-künstlerischen Produktion beschäftigten Personen und Berufsgruppen des Neuen Reichs, ZÄS 111 (1984), S. 30–40.

J. H. Taylor, Egyptian Coffins. Shire Egyptology 11. Princes Risborough/Aylesbury 1989, S. 7–9.

Glossar wichtiger Begriffe

Aniba:
Altägyptisch *Miam*. Aniba liegt ca. 230 km südlich von Assuan zwischen dem ersten und zweiten Nilkatarakt auf der linken Nilseite. Ursprünglich gehörte der Ort zu ›Nubien, heute zu Ägypten und ist vom Nasser-Stausee überflutet. Die früheste Besiedlung fand etwa von 3400–2800 v. Chr. statt. Im Mittleren Reich wurde der Ort zur militärischen Festung mit einem Flusshafen ausgebaut und war ab Beginn der 18. Dynastie ägyptischer Verwaltungssitz. In diesem Zuge wurde die vorhandene Festung auf eine Größe von 200 x 400 m erweitert sowie u. a. ein Stadttempel errichtet. In den Nekropolen ließen sich mit wenigen Ausnahmen die in Aniba ansässigen, meist in der Verwaltung beschäftigten, Ägypter bestatten.

Antaios:
Ägyptisch *Antiul* (evtl. „Die beiden Bekrallten") wurde im 10. oberägyptischen Gau verehrt. Sein Tempel in ›Qaw el-Kebir, wurde unter Ptolemaios IV neu errichtet und ist heute komplett zerstört.

Anubis:
Dieser Gott ist zuständig für die Einbalsamierung und galt als Herr der Nekropole. Er erscheint vor allem in der Rolle des Balsamierers und bei der Wiederbelebung des Leichnams. Weiterhin ist Anubis verantwortlich für die Reinigung und Bekleidung des Toten, sowie seine Bestattung und Versorgung.

Ba:
Dieser Begriff hat ein recht umfangreiches Bedeutungsspektrum und kann „Seele", aber auch „Kraft", „Macht", „Ruhm", „Autorität" usw. bedeuten. Der Ba ist eine Art von Freiseele, ein bewegliches Prinzip, das den Körper verlassen und zwischen der Welt der Menschen und der Welt der Götter – Diesseits und Jenseits – reisen kann und sich nach dem Tod bevorzugt im Himmel beim Sonnengott (›Re) aufhalten möchte. Er wird als menschenköpfiger Vogel dargestellt.

Bastet:
Ursprünglich als Löwin oder Mensch mit Löwenkopf dargestellt, ist ihr späteres Tier die Katze. Als Ortsgöttin von ›Bubastis, geht sie viele Verbindungen mit anderen Göttern ein, wobei sie häufig deren Wesenszüge übernimmt. Ihre ursprüngliche Natur ist nicht leicht zu erkennen, da sie bereits früh verschiedenste Charaktereigenschaften annehmen konnte.

Bes:
Dieser Gott wird mit zwergenhaftem Wuchs und einem fratzenhaften und Bart tragenden Gesicht dargestellt. Hauptsächlich fungierte er als Schutzgottheit für verschiedene gefährliche Lebensphasen, wie in der Nacht, hier besonders für den Schlaf, und bei der Geburt.

Bubastis:
Altägyptisch *Per-Bastet* „Haus der Bastet". Dieser Ort liegt südöstlich des modernen Zagazik am alten tanitischen Nilarm. Es war der Hauptkultort der ›Bastet und somit eines der religiösen Kultzentren des Alten Ägypten.

Chemmis:
Altägyptisch *Ach-bit* „Papyrusdickicht des Königs", liegt im Westdelta beim modernen Tell el-Fara'in und ist von mythologischer Bedeutung, da dort ›Isis ihren Sohn ›Horus versteckte, um ihn vor der Verfolgung des ›Seth zu schützen.

Chnum:
Mit dem Widder als heiligem Tier (und als solcher oder Mensch mit Widderkopf dargestellt), ist Chnum ein Gott der Schöpfung. Er ist der Spender des überlebenswichtigen Wassers und formt auf einer Töpferscheibe den Leib eines jeden Menschen vor seiner Geburt, dem er anschließend Leben einhaucht.

Deir el-Medina:
Ägyptisch Set-ma'at, wörtl. „Stätte der Wahrheit", ein Ort in den ›thebanischen Bergen, westlich des heutigen Luxor. Hier wohnten die Arbeiter mit ihren Familien, die die Gräber im Tal der Könige anlegten. Die Zahl der Handwerker schwankte zwischen 32 (64. Jahr Ramses' II.) und 120 (2. Jahr Ramses' IV.). Für die tägliche Versorgung arbeiteten in der Siedlung weitere Hilfskräfte, wie Wasserträger, Holzfäller, Gärtner, Töpfer, Wäscher und Dienerinnen. Ferner waren ein oder zwei Wächter und zwei Türhüter beschäftigt, die den Siedlungseingang bewachten sowie sechs für die Sicherheit zuständige Personen.

Djet-Leib:
Dieser Leib ist der göttliche Jenseitskörper des Verstorbenen.

Heliopolis:
Heute innerhalb des modernen Kairo gelegen, war Heliopolis (griechisch „Sonnenstadt", altägyptisch *Iunu/On*) mit seinem ehemals riesigen, heute komplett zerstörten, Tempel das Zentrum des altägyptischen Sonnenkultes.

Herz:

Das Herz ist nach altägyptischer Vorstellung der Sitz von Gefühlen, des Verstands, der Entscheidungen und des Gedächtnisses. Es gab zwei Wörter für „Herz": *Ib* und *Hati*. Der genaue Bedeutungsunterschied zwischen beiden, der wohl zumindest ursprünglich vorhanden war, ist jedoch nicht sicher zu bestimmen.

Horus:

Auf diesen kosmischen Himmels- und Königsgott, meist als Falke oder Mensch mit Falkenkopf dargestellt, verweisen viele mythologische Bezüge. Als Sohn des ›Osiris ist er die Verkörperung des Königsamtes einerseits und durch seine Rolle als Gehilfe bei der Reinkarnation seines Vaters wichtig für die Versorgung der Verstorbenen.

Isis:

Die Gattin des ›Osiris, Mutter des ›Horus und Muttergattin des ›Re ist eine Göttin, die u. a. als große Zauberin und fürsorgliche Mutter handelte. Durch ihre Bedeutung bei der Suche nach den einzelnen Körperteilen ihres Gemahls ›Osiris nach dessen Ermordung durch ›Seth kommt ihr zudem eine große Bedeutung bei den Totenritualen zu.

Ka:

Der Ka ist ein sehr komplexes Prinzip, eine Art vitaler Doppelgänger, die schützende Lebenskraft, die vom Vater auf den Sohn übergeht und den Menschen in den Generationenwechsel und die Familie einbindet, die ihm Status und Ehre verleiht und der nach dem Tod die Opfergaben für den Verstorbenen angeboten werden. Die Ka-Personifikation wird als Armpaar dargestellt.

Ma'at:

Sie ist ein universelles Konzept der von ›Re gesetzten Ordnung, Wahrheit und Richtigkeit, wie er dies bei der Schöpfung festsetzte. Oft erscheint sie in Verbindungen zu anderen Göttern und verleiht dabei diesen ihre Eigenschaften.

Mastaba:

Als Mastaba (arabisch: „Bank") wird eine altägyptische Grabanlage mit rechteckigem Grundriss, steil geböschten Wänden und einem Komplex aus Grab- und Kulträumen bezeichnet.

Nubien:

Nubien war eine Region südlich des ersten Nilkataraktes im heutigen Sudan. Dieses Gebiet war für Ägypten an erster Stelle von wirtschaftlichem Interesse, barg es doch reiche Vorkommen an Hartgesteinen und Gold. Auch liefen einige der wichtigsten Handelsstraßen aus Zentralafrika in

Richtung Norden durch nubisches Gebiet, auf denen Elfenbein, Halbedel-
steine, Ebenholz oder exotische Tiere nach Ägypten gelangten.

Opferformel:
Als Opferformel wird das aufgeschriebene Ritual bezeichnet, das die Über-
weisung einer Opfergabe zugunsten des Grabherrn beinhaltet. Der grund-
sätzliche Gedanke dabei ist, dass der König mit seiner Opfergabe die Gottheit den Wünschen des Begünstigten gegenüber gnädig stimmt bzw. dem
Verstorbenen Versorgung durch den angesprochenen Gott zukommt.

Osiris:
Osiris galt wegen seiner Ermordung und Zerstückelung durch seinen Bru-
der ›Seth‹, der anschließenden Zusammenfügung seines Leibes und seiner
Wiederbelebung durch ›Isis‹ und deren Schwester Nephthys als der Gott der
Wiedergeburt an sich und Herr der Unterwelt. Durch die Gleichsetzung eines
Verstorbenen mit ihm sollte sein Schicksal mit der entsprechenden Person
verbunden werden, wodurch die jenseitige Fortexistenz gewährleistet wurde.
Das Ziel der meisten Sarginschriften diente in diesem Zusammenhang dazu
den Toten in einen Osiris zu verwandeln, weshalb den einzelnen Namen ein
„Osiris" vorangesetzt wurde.

Ostrakon:
Als Ostraka werden Scherben aus Keramik oder Stein bezeichnet, die beschriftet sind. Da sie wesentlich einfacher und häufiger vorhanden waren
als der in aufwändiger Prozedur herzustellende Papyrus stellen sie eine der
häufigsten Quellen für altägyptische Texte dar.

Qaw el-Kebir:
Der heute zerstörte Ort (altägyptisch vermutlich *Dschu-ka* „Hoher Berg") im
ehemaligen 10. oberägyptischen Gau ist besonders durch seine zahlreichen
Nekropolen bekannt, in denen sich auch mehrere hohe Beamte bestatten
ließen.

Re:
Als Personifikation der Sonne und damit stattfindendem täglichen Son-
nenlauf ist Re das Symbol der Regeneration an sich, einer der universellen
Götter und Erschaffer und Bewahrer der Welt.

Rosetau:
Dieser Ort bezeichnet eine Region innerhalb der Unterwelt, zu der der Verstorbene gelangen möchte bzw. die es zu passieren gilt. In der realen Welt
benennt er einen Teil der memphitischen Nekropole.

Scheintür:
Als Scheintür wird eine in Türform gestaltete Stelle im zugänglichen Teil der ›Mastaba bezeichnet, an der die Zeremonie des Totenopfers dargestellt ist und vollzogen wurde.

Seth:
Er ist die Verkörperung der nicht ›Ma'at-gegebenen Ordnung, und die Personifikation der „Gegner" des ›Osiris (seines Bruders), die für seinen Tod verantwortlich sind. Daher muss er für diese Tat gerichtet und bekämpft werden. Dargestellt wird er in Form eines Phantasietiers oder als Mensch mit dem Kopf desselben.

Steindorff, Georg:
Georg Steindorff (1861–1951) war von 1893–1934 Professor für Ägyptologie an der Universität Leipzig und Direktor des Ägyptischen Museums. Durch mehrere Grabungen (1899–1900 Erste wissenschaftliche Expedition durch die Lybische Wüste; 1903–1906, 1909–1910 Grabungen in Giza; 1910 in Abusir; 1912, 1914 und 1930/31 in ›Aniba und 1913 in ›Qau) bereicherte er dessen Museumsbestand.

Theben:
Zu beiden Seiten des Nils beim heutigen Luxor gelegen, war Theben (altägyptisch *Waset*) seit dem Mittleren Reich die religiöse (und teils auch politische) Hauptstadt des Alten Ägypten. Bekannt ist es wegen seiner zahlreichen (Toten-)Tempel, und dem Tal der Könige auf dem Westufer, in dem sich die Könige des Neuen Reiches bestatten ließen.

Thot:
Der „Herr der Schrift, der Verwaltung und des Rituals" gilt als Richter in jedem Göttergericht und fungiert seit den Sargtexten als solcher im Jenseits. Dadurch ist er eng mit der ›Ma'at verbunden, sowohl als ihr Gemahl als auch jener, der sie bringt, und ist ein Schutzgott für den Verstorbenen.

Totenbuch:
Die Spruchsammlung des Totenbuches (kurz: Tb) mit dem ägyptischen Titel „Buch vom Herauskommen am Tag" zielte darauf ab, dem Verstorbenen das nötige Wissen und die magischen Mittel in Form von Sprüchen an die Hand zu geben, damit er die gefährlichen Passagen zwischen Tod und Wiedergeburt zu jenseitigem Leben unbeschadet überstehen kann. Hauptsächlich in Hieroglyphen und Hieratisch auf einen Papyrus oder die Mumienbinden aufgezeichnet und in das Grab gelegt oder auf Sarg- und Grabwänden geschrieben, sollte es durch das Rezitieren des Toten im Jenseits oder durch seine bloße Anwesenheit die magische Wirkung entfalten.

Chronologische Übersicht der ägyptischen Herrscher bis zur Römischen Eroberung

Bis Alexander den Großen nach Hornung et al., 2006, S. 490–495. Argeaden und Ptolemäer nach Schneider, 1994. Alle Angaben v. Chr.

Frühdynastische Periode (ca. 2900–2590)

1. Dynastie (ca. 2900–2730)

Nar-mer	ca. 2900–?
Aha	?–2870
Djer	2870–2823
Djet	2822–2815
Den	2814–2772
Adj-ib/Anedjib	2771–2764
Semer-chet	2763–2756
Qa-a	2755–2732

2. Dynastie (ca. 2730–2590)

Hetep-sechemui	2730–?
Ra-neb	?–2700
Ni-netjer	2700–2660
Per-ibsen	2660–2650
Sechem-ib	2650–?
Sened	?–2610
Cha-sechemwy	2610–2593

Altes Reich (ca. 2592–2120)

3. Dynastie (ca. 2592–2544)

Djoser (Netjeri-chet)	2592–2566
Sechem-chet	2565–2559
Chaba	2559–?
Nebka	?–?
Huni	?–2544

4. Dynastie (ca. 2543–2436)

Snofru	2543–2510
Khufu (Cheops)	2509–2483

Radjedef/Djedefre	2482–2475
Bicheris	2474–2473
Chephren (Rakhaef)	2472–2448
Menkaure (Mykerinos)	2447–2442
Shepseskaf	2441–2436

5. Dynastie (ca. 2435–2306)

Userkaf	2435–2429
Sahure	2428–2416
Neferirkare Kakai	2415–2405
Raneferef/Neferefre	2404
Schepseskare Isi	2403
Niuserre Ini	2402–2374
Menkauhor	2373–2366
Djedkare Isesi	2365–2322
Unas	2321–2306

6. Dynastie (ca. 2305–2118)

Teti	2305–2279
Userkare	?–?
Pepi I. Merire	2276–2228
Nemti-em-sa-ef Merenre	ca. 2227–2217
Pepi II. Neferkare	2216–2153
Nemti-em-sa-ef II.	2152

8. Dynastie (ca. 2150–2118)

Neferkaure	2126–2113
Neferkauhor	2122–2120
Neferirkare	2119–2218

1. Zwischenzeit (ca. 2118–1980)

9. + 10. Dynastie (Herakleopoliten) (ca. 2118–1980)

Mittleres Reich und Zweite Zwischenzeit (ca. 1980–1539)

11. Dynastie (Thebaner) (ca. 2080–1940)

Mentuhotep I. (Tepia)	ca. 1980–?
Antef I. (Sehertaui)	ca. ?–2067
Antef II. (Wahanch)	2066–2017
Antef III. (Nachtnebtepnefer)	2016–2009
Mentuhotep II. Nebhepetre	2009–1959
Mentuhotep III. Sanchkare	1958–1947

Mentuhotep IV. Nebtauire	1947–1940

12. Dynastie (1939–1760)

Amenemhet I. Sehetepibre	1939–1910
Sesostris I. Cheperkare	1920–1875
Amenemhet II. Nebukaure	1878–1843
Sesostris II. Chacheperre	1845–1837
Sesostris III. Chakaure	1837–1819
Amenemhet III. Nima'atre	1818–1773
Amenemhet IV. Macherure	1772–1764
Nofrusobek Sobekkare	1763–1760

13. Dynastie (1759–ca. 1630)

Wegaf Chutauire	1759–1757
Amenemhet VII. Sedjefakare	ca. 1753–1748
Sobekhotep II. Sechemre-chutaui	1737–1733
Chendjer Userkare	ca. 1732–1728
Sobekhotep III. Sechemre-suadjtaui	ca. 1725–1722
Neferhotep I. Chasechemre	ca. 1721–1710
Sobekhotep IV. Chaneferre	ca. 1709–1701
Sobekhotep V. Chahotepre	ca. 1700–1695
Ibiau Wahibre	ca. 1695–1685
Aja Merneferre	ca. 1684–1661
Ini Merhetepre	ca. 1660–1659
Suadjtu, Ined, Hori, Dedumose	?

14. Dynastie (?)

15. Dynastie (Hyksos) (ca. ?–ca. 1530)

Chian Sa-userenre	?
Apophis Aa-userre	ca. 1575–1540
Chamudi	?

16. + 17. Dynastie (ca. ?–1540)

Sobekhotep VIII., Nebiriau, Rahotep, Sobekemsaf I. + II., Be-bianch	?
Antef Nebucheperre	?–?
Tao Senachtenre	?–?
Tao Seqenenre	?–?
Kamose Wadjcheperre	ca. ?–1540

Neues Reich (ca. 1539–1077)

18. Dynastie (ca. 1539–1292)

Ahmose Nebpehtire	ca. 1539–1515
Amenhotep I. Djeserkare	1514–1494
Thutmosis I. Aa-cheperkare	1493–1483
Thutmosis II. Aa-cheperenre	1482–1480
Thutmosis III. Mencheperre	1479–1425
Hatschepsut Ma'atkare	1479–1458
Amenhotep II. Aa-cheperure	1425–1400
Thutmosis IV. Mencheperure	1400–1390
Amenhotep III. Nebma'atre	1390–1353
Amenhotep IV./Echnaton Nefercheperure	1353–1336
Semenchkare/Nefernefruaten Anchcheperure	1336–1334
Nefernefruaton Anchetcheperure	1334–?
Tutanchaton/amun Nebcheperure	?–1324
Aja Chepercheperure	1323–1320
Haremhab Djesercheperure	1319–1292

19. Dynastie (1292–1191)

Ramses I. Nebpehtire	1292–1291
Sethos I. Menma'atre	1290–1279
Ramses II. Userma'atre-setepenre	1279–1213
Merenptah Baenre	1213–1203
Sethos II. Usercheperure	1202–1198
Amenmesse Menmire	1202–1200
Siptah Achenre	1197–1193
Tausret Satre-meritamun	1192–1191

20. Dynastie (1190–1077)

Sethnacht Userchaure	1190–1188
Ramses III. Userma'atre-meriamun	1187–1157
Ramses IV. Hekama'atre-setepenamun	1156–1150
Ramses V. Userma'atre-secheperenre	1149–1146
Ramses VI. Nebma'atre-meriamun	1145–1139
Ramses VII. Userma'atre-setepenre-meriamun	1138–1131
Ramses VIII. Userma'atre-achenamun	1130
Ramses IX. Neferkare-setepenre	ca. 1129–1111
Ramses X. Cheperma'atre-setepenre	ca. 1110–1107
Ramses XI. Menma'atre-setepenptah	ca. 1106–1077

Dritte Zwischenzeit (ca. 1076–723)

21. Dynastie (ca. 1076–944)

Smendes Hedjcheperre-setepenre	ca. 1076–1052
Psusennes I. Aa-cheperre-setepenamun	ca. 1051–1006
Amenemnesu Neferkare	ca. 1005–1002

Amenemope Userma'atre-setepenamun	ca. 1002–993
Osorkon Aa-cheperre-setepenre	992–987
Siamun Netjercheperre-setepenamun	986–ca. 968
Psusennes II. Titcheperure	ca. 967–944

22. Dynastie (943–ca. 746)

Scheschonq I. Hedjcheperre-setepenre	943–923
Osorkon I. Sechemcheperresetepenre	922–ca. 888
Takelot I. Userma'atre-setepenamun	ca. 887–874
Scheschonq II. Hekacheperre-setepenre	ca. 873
Osorkon II. Userma'atre-setepenamun	ca. 872–842
Scheschonq III. Userma'atre-setepenre/amun	841–803
Scheschonq IIIa Hedjcheperre	?–790
Pami Userma'atre setepenre/amun	789–784
Scheschonq V. Aa-cheperre	783–ca. 746

23. Dynastie (Oberägypten und Gegenkönige)

Takelot II.	845–821
Iupet I.	820–809
Osorkon III, Takelot III.	ca. 780 ± 20
Padibastet I.	834–812
Scheschonq IV., Rudjamun, Iny	?

23. Dynastie (Unterägypten) (ca. 730)

Padibastet II. (?), Osorkon IV.	?

24. Dynastie (ca. 736–723)

Tefnacht Schepsesre	ca. 736–729
Bokchoris Wahkare	728–723

Spätzeit (ca. 722–332)

25. Dynastie (ca. 722–ca. 655)

Pije/Pianckhi	ca. 753–723
Schabaka Neferkare	ca. 722–707
Schebitku Djedkaure	ca. 706–690
Taharqa Churenefertem	690–664
Tantamani Bakare	664–ca. 655

26. Dynastie (664–525)

Psammetich I. Wahibre	664–610
Necho II. Wehemibre	610–595
Psammetich II. Neferibre	595–589
Apries Haaibre	589–570

111

Argeaden (332–306)

Ptolemäer (306–30)

Liste der Autoren

E. B.	Elke Blumenthal
B. B.	Billy Böhm
P. D.	Peter Dils
H.-W. F.-E.	Hans-Werner Fischer-Elfert
M. A. G.	María A. Gutiérrez
S. M.	Sandra Müller
F. N.	Franziska Naether
A. O.	Angela Onasch
L. P.	Lutz Popko
D. R.	Dietrich Raue
S. R.	Sebastian Richter
K. S.	Kerstin Seidel
F. S.	Frank Steinmann
M. P. S.	Michael P. Streck
S. T.	Susanne Töpfer

Abbildungsverzeichnis

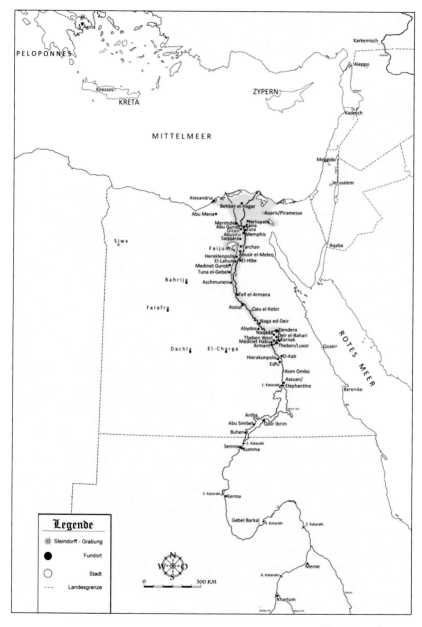

PELOPONNES

Aigina

Knossos

KRETA

ZYPERN

Karkemisch

Aleppo

Kadesch

MITTELMEER

Meggido

Jerusalem

Alexandria
Behbet el-Hagar
Abu Mena
Auaris/Piramesse

Merimde
Heliopolis
Abu Gurob
Kairo
Giza
Tura
Abusir
Memphis
Saqqara
Tarchan

Siwa

Faijum
Herakleopolis
Abusir el-Meleq
El-Lahun
El-Hibe
Medinet Gurob
Tuna el-Gebel

Bahrija

Aschmunein

Tell el-Armana

Farafra

Assiut
Qau el-Kebir

Naga ed-Deir
Abydos
Nagada
Dendera
Theben West
Deir el-Bahari
Medinet Habu
Karnak
Armant
Theben/Luxor

Dachla
El-Charga

Hierakonpolis
El-Kab
Edfu

Kom Ombo
Assuan/
Elephantine

1. Katarakt

Berenike

Quseir

ROTES MEER

Aqaba

Aniba
Abu Simbel
Qasr Ibrim
Buhen
Semna
2. Katarakt
Kumma

3. Katarakt
Kerma

Gebel Barkal
4. Katarakt
5. Katarakt

Meroe

6. Katarakt

Khartum

Legende

Steindorff - Grabung

● Fundort

○ Stadt

- - - Landesgrenze

N
W O
S

0   300 KM

Abb. 58: Karte Ägyptens

115

Wir haben Ihr Interesse am Ägyptischen Museum der Universität Leizpig - Georg Steindorff geweckt? Dann entdecken Sie auch die weiteren Bände, die im Manetho Verlag erschienen sind.

Kleine Schriften des Ägyptischen Museums der Universität Leipzig; Band 11

Georg Steindorff - Stationen eines Lebens

Herausgegeben von Dietrich Raue

64 Seiten; 14,3 x 20,5 cm; mit 30 teils farbigen Abbildungen; Broschur;

ISSN 2509-9876
ISBN 3-9813741-1-7

Das Buch beleuchtet das Leben des Museumsgründers Georg Steindorff (1861–1951) und seiner Familie und würdigt seinen Verdienst für die Ägyptologie und das Ägyptische Museum an der Universität Leipzig.

Katalog Ägyptischer Sammlungen in Leipzig; Band 3

COPTICA
Koptische Ostraka und Papyri, koptische und griechische Grabstelen aus Ägypten und Nubien, spätantike Bauplastik, Textilien und Keramik

Bearbeitet von Suzana Hodak, Tonio Sebastian Richter und Frank Steinmann

232 Seiten; 21 x 29,7 cm; alle Objekte auf 45 s/w und 8 Farbtafeln; gebunden;

ISBN 978-3-447-06790-4

Erstmals werden die koptischen und spätantiken Bestände des Ägyptischen Museums Leipzig in diesem Band umfassend in fast 100 Katalogeinträgen mit großformatigen Fotos detailliert vorgestellt.

Weitere Informationen und Bestellmöglichkeiten unter www.manetho-verlag.de